LE CHRISTIANISME À UN TOURNANT

Paul-Émile Roy

Le christianisme
à un tournant

L'essentiel

BELLARMIN

Conception graphique : Gianni Caccia
Mise en pages : Yolande Martel

*Catalogage avant publication de Bibliothèque et Archives nationales du Québec
et Bibliothèque et Archives Canada*

Roy, Paul-Émile, 1928-

Le christianisme à un tournant

(L'essentiel)

ISBN 978-2-923694-03-0

1. Christianisme et civilisation.
2. Christianisme – Québec (Province).
3. Postmodernisme – Aspect religieux – Christianisme.
4. Spiritualité – Christianisme.
I. Titre. II. Collection : Essentiel (Bellarmin).

BR115.C5R69 2009   261   C2009-942041-4

Dépôt légal : 3ᵉ trimestre 2009
Bibliothèque et Archives nationales du Québec
© Éditions Bellarmin, 2009

Les Éditions Bellarmin reconnaissent l'aide financière du gouvernement du Canada
par l'entremise du Programme d'aide au développement de l'industrie de l'édition
(PADIÉ) pour leurs activités d'édition. Les Éditions Bellarmin remercient de leur
soutien financier le Conseil des Arts du Canada et la Société de développement des
entreprises culturelles du Québec (SODEC). Les Éditions Bellarmin bénéficient du
Programme de crédit d'impôt pour l'édition de livres du Gouvernement du
Québec, géré par la SODEC.

IMPRIMÉ AU CANADA EN SEPTEMBRE 2009

1

Accueillir l'Inconnu

L'observation la plus troublante, peut-être, qui envahit l'esprit, quand on s'arrête à considérer le seul fait d'exister, d'être là, c'est que notre apparition, notre avènement dans l'être se fait à notre insu, indépendamment de nous, dans des conditions qui nous échappent complètement, comme des objets que les vagues de la mer déposent sur le rivage. Nous naissons hommes ou femmes sans que nous ayons rien à y voir, à un moment et en un lieu que nous n'avons pas choisis: Un jour, nous nous apercevons que nous existons, que nous avons des bras, des jambes, des cheveux, un cœur, un cerveau… Nous ne comprenons rien à tout cela, nous n'avons rien à voir avec la mise en place de tout cela. Et pourtant, c'est nous. L'enfant se développe dans le sein de sa mère sans que celle-ci connaisse ce qui se passe vraiment dans son corps, par quel concours de cellules, de mouvements vitaux, de combinaisons biologiques se forme en elle un être qui sera doué d'intelligence, de mémoire, etc. Pensons aux aliments que nous ingurgitons et que nous digérons, assimilons, sans rien connaître du processus qui se poursuit, sans même que nous y pensions. Et il en va de même de la nature, de l'univers, des plantes, des animaux qui sont là comme par enchantement et au milieu desquels nous sommes placés. Nous savons bien peu de choses de l'origine de l'univers et de ce qu'il deviendra. L'infiniment petit et l'infiniment grand débordent les capacités de notre connaissance, et je dirais de notre conscience. Nous ne pouvons expliquer la formation de la moindre fleur ni du plus minime des insectes.

Je me trompe peut-être, mais j'ai l'impression que la société actuelle, la civilisation actuelle, malgré le développement absolument inédit des sciences, a évacué en quelque sorte l'Inconnu de son champ de préoccupations. Les intellectuels à la mode ne semblent pas se soucier de cette dimension de notre existence. Nous sommes à l'ère de «l'homme unidimensionnel» annoncé par Marcuse. La culture actuelle est de l'ordre du spectacle, du vécu, de l'actualité, du sensationnel. Elle ne s'intéresse pas aux raisons, au sens, au fondement. Elle est une réalité de surface, et c'est pourquoi elle est tellement bruyante. La technologie tient lieu de science, pour la «foule solitaire», et elle n'est pas au service de l'homme, mais elle met l'homme à son service.

Pour moi, ce qui est évident, c'est qu'existe un Être, une Réalité sans laquelle ce que nous connaissons, ce dont nous faisons l'expérience n'existerait pas. Appelez cela l'Être, la Nature, Dieu, l'Inconnu, comme vous voudrez. Mon sentiment est que l'Inconnu dont nous surgissons est d'un ordre qui nous échappe, non pas parce qu'il est inférieur à notre ordre à nous, mais parce qu'il est d'un autre ordre que le nôtre, supérieur au nôtre, et sans lequel nous n'existerions pas.

L'arbre est la plus belle métaphore de ce qui existe. Nous le voyons se déployer dans l'espace. Il a un tronc, des branches, des feuilles et tout un monde merveilleux de réseaux par lesquels circule la sève qui l'alimente et assure sa croissance. S'il n'avait pas de racines, l'arbre n'existerait pas. Ses racines sont invisibles, elles s'enfoncent dans la terre et alimentent le tronc en collaboration avec les branches qui absorbent l'oxygène et la lumière. Quand on regarde un arbre, on ne pense pas aux racines, on ne pense pas que sans elles, l'arbre n'existerait pas, et pourtant, c'est bien le cas. Plus on regarde autour de soi, en soi, plus on observe que l'Inconnu est partout et que nous dépendons de lui.

Certains pensent que l'Inconnu se confond avec le néant, que le néant est le fondement de tout, que l'être sortirait du néant, que le rien produirait quelque chose, que la réalité que nous connaissons sortirait du vide, comme par enchantement.

Je comprends leur désolation, leur souffrance. Comment supporter la présence du mal dans le monde, la cruauté des hommes les uns envers les autres, les règles de la nature qui imposent que les espèces s'entre-dévorent, etc.? Saint Paul parle du «mystère de l'iniquité»; Jésus parle de Satan, prince du mensonge, il pleure sur Jérusalem qui ne veut pas accueillir l'enseignement des prophètes et qui sera détruite de fond en comble, et lui-même, il sait que le supplice de la croix l'attend. Et pourtant, il dit à ceux qui l'écoutent: Ne vous inquiétez pas, Dieu ne vous abandonne pas, il est votre Père, il s'occupe de vous.

C'est mon sentiment inexpugnable que l'absurde ne va pas au fond des choses. Il est une «myopie héritée des Lumières[1]», dit Yvon Rivard. Si l'absurde est la raison dernière de tout, il n'y a pas de vérité, on ne peut même pas formuler une telle affirmation. L'Être est antérieur au mal qui est un défaut, un manque. Mais l'Être est.

Le message biblique, c'est que Dieu, l'Inconnu, le Tout-Autre, Celui qui est, est Amour. Cela apparaît aux premières pages de la *Genèse*: Dieu crée le monde, il crée l'être humain, il le place dans un jardin où il peut vivre en amitié avec lui. L'homme et la femme dérogent à ce plan, mais Dieu ne les abandonne pas. L'idée de l'être humain créé et placé dans un jardin terrestre affirme, par le moyen d'un récit, l'antériorité du bien, de l'amitié avec Dieu, sur le mal, sur la souffrance. Ce que dit le récit du Paradis terrestre et de la chute, c'est l'antériorité ontologique de l'Être, du bien sur le mal. Le mal est un accident, une détérioration, une dérogation.

Mais surtout, ce que l'Écriture sainte enseigne constamment, c'est que Celui qui est, l'Autre, l'Inconnu n'est pas l'ennemi de l'homme ni un rival, mais son allié. Dieu fait alliance avec son peuple, il lui enseigne comment se comporter. L'être humain ne suit pas toujours son enseignement, mais Dieu lui pardonne et il recommence. Et c'est cette grande révélation qui s'accomplit dans le Nouveau

Testament. La Grande Nouvelle, c'est que Dieu est notre Père, que nous sommes ses enfants, qu'il n'y a qu'un commandement, qu'une règle fondamentale de la vie, l'amour de Dieu et du prochain.

Que l'on compare, par exemple, la figure de l'Inconnu ou du Transcendant que nous présente la tradition judaïque et chrétienne à celle que nous font connaître les mythologies anciennes, selon lesquelles des divinités entrent en compétition avec l'être humain ou encore selon lesquelles un Destin impitoyable accable celui-ci. Yahvé est le dieu unique, c'est lui qui a créé l'être humain et il veut vivre avec lui au sein d'une Alliance. Il dicte une loi qui lui indique comment se conduire pour être heureux, pour être fidèle à lui-même, pour être dans la vérité, même par rapport à toute cette dimension de son existence qu'il ne connaît pas mais dont il dépend. Il lui envoie des prophètes qui lui enseignent la conduite à suivre, lui rappelant que Dieu seul est Dieu, qu'il doit n'adorer que lui et fuir le culte des idoles sous toutes leurs formes. Ces idoles qui font des dieux de n'importe quoi. Par la Loi et les prophètes, Dieu enseigne à l'homme comment se conduire correctement, dans la vérité, en fidélité à la réalité, en conformité avec la réalité, celle qu'il connaît et celle qu'il ne connaît pas et dont il dépend.

Ce qui est au cœur de la tradition judéo-chrétienne, et ce qui est l'objet de la foi, c'est que Dieu, le Tout-Autre, l'Inconnu est Amour. C'est cette réalité que célèbre le fameux psaume 136 : « Rendez grâces au Seigneur, car il est bon, car éternel est son amour. » Et c'est ce qui distingue la foi chrétienne non seulement des mythologies anciennes, mais aussi du mysticisme oriental. Bede Griffiths, qui a étudié à fond les religions orientales, qui a vécu parmi les mystiques orientaux, décrit bien ce qui distingue le mysticisme chrétien du mysticisme oriental. « Le noyau du mysticisme chrétien, écrit-il, est un mystère d'amour, tandis que chez les hindous et les bouddhistes, il s'agit en premier lieu d'une transformation de la conscience[1]. » Chez les musulmans, ce n'est pas une question d'amour.

Et c'est dans cette perspective que se pose le problème de la foi. Il ne s'agit pas d'expliquer l'Inconnu. L'Inconnu, Dieu, on ne peut le comprendre. Mais on peut le connaître. On recommence à vivre en sa compagnie, avec le sentiment de sa présence. C'est la co-naissance de Claudel. C'est la connaissance dont je fais l'expérience avec les êtres humains, avec le monde. L'Inconnu n'est pas un théorème, il n'est pas une formule. Je connais la lumière, je sais qu'elle existe, parce qu'elle m'éclaire. Je ne sais ce qu'elle est, mais je la connais. De même pour l'électricité. De même pour la vie. Je distingue très bien la vie et la mort. Je connais le temps, mais je ne sais ce qu'il est. L'électricité est un fait. Je connais ses effets. Je ne sais ce qu'elle est. L'Inconnu existe. Je connais ses œuvres. Je ne peux le ramener à ma mesure à moi. Je peux recevoir sa lumière. Du temps, saint Augustin disait : Quand on ne me demande

---

1. Bede GRIFFITHS, *Une nouvelle vision de la réalité. L'influence de l'Orient sur notre monde*, traduit de l'anglais par Marie-Luce Constant, Montréal, le Jour, 1996, p. 224.

pas ce qu'il est, je sais ce qu'il est. Mais si on me demande ce qu'il est, je ne le sais plus. Je ne sais pas ce qu'est le temps, mais je sais bien ce qu'il n'est pas. Il n'est pas un arbre, ni l'air, ni l'eau. Je connais le temps, je ne peux l'expliquer. Tout ce que je connais de plus précieux, je ne peux l'expliquer : l'amour, les êtres humains, la lumière… Pas surprenant que l'on ne puisse expliquer Dieu.

Le seul commandement, ce n'est pas d'expliquer, de comprendre, c'est d'aimer. C'est de consentir à l'amour. Au-delà du mal, il y a le bien. Dieu regarda le monde, et il vit que cela était bon. Il faut éviter de se perdre dans la subtilité. « Qui veut sauver sa vie la perdra. » Il n'y a qu'un commandement, et ce n'est pas l'analyse. Il faut s'en remettre à l'Être. C'est cela, la foi. La foi est l'acceptation de l'Amour. La raison ne va pas loin. Le moindre insecte déborde la raison. Face à la mer, il faut reconnaître que l'on est bien peu de chose. Il faut plonger. Je pense à ces gens qui regardent la mer, qui voudraient s'y baigner, mais n'osent pas. Ils ont peur de se mouiller, de tremper leurs beaux habits. Il faut s'en remettre à l'Être. « Croire en Dieu, écrit André Comte-Sponville, c'est péché d'orgueil[2]. » N'est-ce pas plutôt le contraire ? La foi est, en un sens, un acte de renoncement à soi, de détachement de soi. Elle est jusqu'à un certain point un renoncement à son jugement personnel. Croire en Dieu, c'est s'en remettre à lui, c'est croire qu'il existe et qu'il veut notre bien. Avoir la foi, c'est rejeter

2. André Comte-Sponville, *L'Esprit de l'athéisme. Introduction à une spiritualité sans Dieu*, Paris, Albin Michel, 2006, p. 133.

le nihilisme, c'est accepter l'Être, c'est croire en la bonté de l'Être. La foi n'est pas un savoir. Elle est une connaissance. On peut connaître directement ou par le témoignage de quelqu'un.

Les gens qui ne croient pas en Dieu se font bien souvent une image de Dieu tellement grossière que pas un croyant ne pourrait s'accommoder d'une telle caricature. Si vous y regardez de près, vous vous apercevez qu'ils ont fait de Dieu une espèce de Bonhomme sept-heures. Je les comprends de ne pas avoir la foi!

La foi chrétienne, c'est croire que Dieu est amour, que Dieu veut le bien de l'être humain. Si je crois que le fond de tout est amour, cet amour est en moi. Si je crois que le fond de tout est néant, le néant est en moi. La foi, c'est accepter cet amour qui est Dieu, c'est s'ouvrir à cet amour. L'amour se diffuse naturellement. Si je m'ouvre à lui, il est en moi. La vie éternelle, ce n'est pas une récompense dans le futur, c'est quelque chose qui commence dès maintenant, dans la foi, et qui se continue après la mort, dans l'évidence. «Celui qui croit en moi vivra.» Celui qui croit à l'Amour est déjà au-delà du temps.

Avoir la foi, donc, c'est consentir à l'Amour, c'est se placer dans la mouvance de l'Amour. Ce n'est pas seulement croire en Dieu comme cause ou fin de ce qui existe. C'est s'en remettre à Dieu «Père» qui voit les hommes et les femmes comme ses enfants et veut leur bien. L'amour de Dieu est au fond de tout ce qui existe, et c'est lui qui donne à tout ce qui existe son prix et sa véritable dignité. C'est ce qu'exprime saint Thomas de façon magistrale:

« L'amour de Dieu est la cause qui infuse et crée la bonté dans les êtres[3]. » C'est dans cette perspective qu'il faut comprendre l'affirmation de Jésus selon laquelle le « péché contre l'Esprit » ne sera pas pardonné. « Tout péché et blasphème sera remis aux hommes, mais le blasphème contre l'Esprit ne sera pas remis » (*Matthieu* 12,31). Il ne s'agit pas de l'esprit au sens intellectuel, mais de l'Esprit de Jésus, de l'Esprit de Dieu qui est Amour. Le péché contre l'Esprit, c'est le refus de l'Amour. Celui qui refuse l'Esprit se met en dehors du courant, il refuse d'être emporté par lui, il ne consent pas à l'Amour. Dieu n'y peut rien. La Bible de Jérusalem donne comme commentaire au texte de saint Matthieu : « L'homme est excusable de se méprendre sur la dignité divine de Jésus, voilée par les apparences de "Fils de l'homme" ; il ne l'est pas de fermer ses yeux et son cœur aux œuvres éclatantes de l'Esprit. » Si l'homme refuse de reconnaître que l'Amour est la raison dernière de tout, Dieu n'y peut rien. C'est le mystère de la liberté. L'amour ne se force pas. Ce qu'on appelle le salut n'est rien d'autre que l'accueil de l'amour qui est au fond de tout. C'est ce qu'enseigne saint Paul de mille façons, et Jésus lui-même évidemment.

---

3. THOMAS D'AQUIN, *Somme théologique*, 1a, qu. 20, art. 3.

2

La lecture de la Bible

Après deux mille ans, la Bible est encore le livre le plus traduit, celui qui est le plus réédité et le plus présent à la culture de différentes manières. Pourtant, beaucoup de gens ne peuvent pas lire la Bible. Ils la tiennent à la frontière de leur territoire et n'acceptent de la regarder que de loin.

D'abord, certains se disent : je n'ai pas la foi, donc je n'ai rien à voir avec un livre qu'on dit inspiré par Dieu, un livre qu'on ne peut comprendre si on n'a pas la foi. Cet argument n'est pas très fort, car je peux bien prendre un grand plaisir à lire Homère et Virgile, même si je ne crois pas aux mythologies grecques et latines. Je ne suis pas hindou, mais je lis avec un grand intérêt le *Ramayana* de Valmiki. Qu'on soit croyant ou pas, il me semble que les récits de la *Genèse*, les psaumes, les prophètes, le Nouveau Testament sont d'un grand intérêt. Il s'agit bien sûr de textes primitifs, écrits dans une langue très différente de la nôtre, mais je ne connais, par exemple, aucun récit des commencements qui soit comparable aux premiers chapitres de la *Genèse*. Il ne s'agit pas d'histoire ni de science, mais d'une tentative, en remontant à la considération des origines, de trouver un sens à ce qui existe. Le *Livre de Job* est une méditation dramatique sur le mal dans le monde qui a gardé toute sa force d'interpellation. Les psaumes sont des poèmes qui n'ont jamais été dépassés par les littératures subséquentes.

Certains ne voient dans la Bible que bizarreries et légendes, et ne se demandent pas comment expliquer que ce livre ait, en quelque sorte, fait l'Occident. André Comte-Sponville, un athée pourtant si sympathique à la religion, affirme que le monde l'intéresse davantage que la Bible et le Coran : « La Bible et le Coran sont pleins de niaiseries et de contradictions[1]. » On trouve cette attitude de supériorité chez bien des intellectuels de chez nous. Dans *Le Devoir* du 23 décembre 2006, Gilles Courtemanche, en intellectuel évolué, nous offre ses réflexions sur la fête de Noël. Il se présente comme baptisé, mais incroyant. Il est heureux de fêter Noël en famille. C'est un folklore qu'il trouve intéressant. « Pour moi et pour tous les gens que je connais, ce n'est pas la célébration de la naissance du Christ et de cette fable enfantine que la crèche résume… » C'est là une « fumisterie religieuse » qui le touche et que les autres doivent respecter. Dans le contexte actuel, cela fait généreux, ouvert, tolérant et tout ce que vous voudrez, mais quelle prétention, quelle légèreté ! Un esprit supérieur qui se montre magnanime envers cette stupide Église, envers

---

1. André Comte-Sponville, *op. cit.,* p. 115.

tous ces gens crédules qui ont la foi! Le christianisme, la foi de millions de chrétiens, l'histoire de l'Occident, saint Paul, les évangiles, la théologie, y'a rien là! Mais il faut se prêter aux charmes de la piété populaire!

On pourrait relever des centaines d'exemples de ce simplisme prétentieux, mais examinons plutôt comment le lecteur du XXIe siècle peut pratiquer la lecture de la Bible. Rappelons d'abord que l'Ancien Testament a été écrit il y a plus de deux mille ans et le Nouveau Testament, un peu moins de deux mille ans. Pensons seulement que la manière moderne d'écrire l'histoire remonte au XIXe siècle. La Bible nous ramène à une autre époque, à une culture différente de la nôtre. Il n'est pas sûr que quand nous la lisons nous comprenions toujours ce qu'elle nous dit. Les artistes de la Renaissance et du Moyen Âge ont représenté les gens de l'Antiquité dans des costumes de leur propre époque. Les Vierges de Raphaël et de Fra Angelico ressemblent à des jeunes filles italiennes du XVIe siècle et sont vêtues comme elles. Nous croyons que nous sommes plus évolués, plus instruits, mais nous abordons toujours les autres époques avec nos schémas à nous, avec nos représentations. Qu'on pense seulement aux différentes interprétations que nous donnons de l'histoire très proche de la société québécoise!

La Bible est un livre religieux, mais c'est d'abord un livre humain. Le religieux s'inscrit dans l'humain. Toutes les facultés humaines y interviennent: l'intelligence, la mémoire, l'imagination, la sensibilité... Dans la Bible, il y a de l'histoire, de la poésie, du rêve, de la fiction, de la réflexion religieuse, de la contemplation, de la prière. On y réfléchit sur les origines de l'humanité en recourant aux connaissances de l'époque, comme on le fait aujourd'hui. On réfléchit sur le sens de l'existence, sur le mal dans le monde, sur les relations entre les peuples. À lire certains auteurs modernes, on dirait qu'ils n'acceptent pas que la Bible est un livre humain, daté, situé dans un contexte historique, géographique, culturel. C'est un livre qu'on dit religieux, il devrait donc être tout divin, parfait, intemporel. Pourtant, si l'on admet que la Bible est un livre humain, il ne faut pas être surpris que l'homme s'y exprime autant à travers des images, des récits, des analogies qu'à travers des raisonnements, des argumentations. Si l'on reconnaît le caractère humain de la Bible, il ne faut pas se surprendre d'y retrouver par exemple des légendes ; en effet, les légendes sont des moyens de raconter des événements passés, d'évoquer la façon dont les peuples ont gardé le souvenir de certains événements et les ont interprétés. Les légendes n'existeraient pas s'il n'y avait eu un événement historique qui a frappé l'imagination et provoqué l'admiration, l'enthousiasme ou la panique. *La Chanson de Roland* est une épopée. Elle évoque les exploits de Charlemagne. Elle nous apprend la façon dont le sentiment populaire a interprété les exploits de Roland et de Charlemagne, et cela est une réalité historique. L'Arche de Noé a-t-elle existé ? Est-ce une légende ? Ce qui est historique, c'est que des gens ont cru que la terre avait été inondée, que l'humanité avait été presque exterminée à cause de la méchanceté des hommes, mais que Dieu n'avait pas abandonné l'être humain. Et cette croyance était historique et elle contenait une amorce de réflexion sur la présence du mal dans le monde, sur la relation de l'homme à Dieu, etc.

Si la Bible est le livre de littérature d'un peuple particulier, il serait surprenant qu'on n'y trouve pas de poésie, de fiction, de légendes, de récits historiques. L'Ancien Testament est le livre de la littérature hébraïque. Il est spécialement le livre de l'histoire d'Israël. Certains sont scandalisés par cette histoire qui est pleine de violences, de guerres, d'actes de cruauté, de batailles. Tout cela constitue une «histoire sainte» pour le moins bizarre!

Certes, Israël tel que dépeint par la Bible est un peuple cruel, primitif, barbare. Mais est-il si différent des autres peuples ses contemporains? Voyez les Grecs, dont Homère, Xénophon et Thucydide nous racontent l'histoire. Lisez l'histoire de l'Égypte, de Sumer, des Romains, des Mongols. Israël est un peuple comme les autres. Cruel et barbare comme ses contemporains. Plus cruel et barbare que les peuples d'aujourd'hui? L'humanité est présente dans la Bible avec sa misère qui est immense.

On a dit du Dieu de l'Ancien Testament qu'il était un guerrier, un homme de guerre. Et pourtant, ce Dieu affirme qu'il est le Saint et qu'il n'aime pas détruire (*Osée* 11,9). «Ces affirmations, écrit Michel Dousse, aussi absolues que contradictoires – en apparence tout au moins – font partie de la même révélation, concourant à la même finalité: manifester que Dieu se situe et demande à être cherché par-delà les catégories que s'est forgées l'homme à partir

de son expérience, dans une démarche de dépassement[2]. »
La Bible est un livre inspiré, mais un livre humain. C'est
l'homme qui fait de Dieu un guerrier, parce qu'il essaie de
traduire son expérience de Dieu à travers ses propres expériences de l'homme. L'homme de cette époque ne peut se
représenter l'histoire, la condition humaine, qu'à travers la
guerre. La question qu'il faut se poser : ce peuple est-il
malgré tout le peuple de Dieu ? Est-il engagé dans une
relation spéciale avec Dieu ? Est-il vrai que Dieu s'y fait
connaître d'une façon particulière, par des patriarches, des
prophètes ? La barbarie est présente dans la Bible, mais elle
n'est pas préconisée ni recommandée. Dieu se révèle à une
humanité violente, barbare. Il lui enseigne justement
qu'elle doit sortir de cette barbarie. C'est la foi en cette
révélation particulière de Dieu qui fonde la tradition judéo-
chrétienne et l'Occident.

Une autre donnée rend la lecture de la Bible difficile à
plusieurs de nos contemporains : c'est la présence du merveilleux, des miracles, des anges. Tout cela ne fait pas
sérieux ! Renan avait prédit qu'au xxe siècle, la science rem-
placerait la religion, que la science serait la vraie religion,
et donc que nous aurions évacué de nos vies le merveilleux, le « surnaturel ». Nous vivons au xxie siècle et
pourtant, la crédulité n'a pas reculé. Nous avons cru pendant quelques années aux extra-terrestres et aujourd'hui,
l'astrologie, les médiums, les gourous, l'ésotérisme, les

---

2. Michel DOUSSE, *Dieu en guerre. La violence au cœur des trois monothéis-
mes*, Paris, Albin Michel, 2002, p. 142.

différentes formes de magie, chiromancie et autres sont plus prospères que jamais. Mais nous ne croyons pas au « surnaturel » !

Notons d'abord que dans l'Antiquité, le « surnaturel » n'était pas du seul ressort de la Bible. Les anges, par exemple, faisaient partie du monde de l'Assyrie et de la culture antique en général. Qu'on lise Tite-Live, Suétone, Plutarque, et l'on verra que le « surnaturel » n'était pas le lot des seuls Hébreux. On lit, par exemple, dans Suétone, que César, arrivé à la limite de sa province, s'arrête et se demande s'il devrait franchir le Rubicon. Suétone écrit : « Comme il hésitait, il reçut un signe d'en haut. Un homme d'une taille et d'une beauté extraordinaires apparut soudain, assis tout près de là et jouant du chalumeau ; des bergers étant accourus pour l'entendre ainsi qu'une foule de soldats des postes voisins, et parmi eux également des trompettes, cet homme prit à l'un d'entre eux son instrument, s'élança vers la rivière et, sonnant la marche avec une puissance formidable, passa sur l'autre rive. Alors César dit : "Allons où nous appellent les signes des dieux et l'injustice de nos ennemis. Le sort en est jeté[3]". » Plus loin, on rapporte qu'à la mort de César, une comète apparut qui brilla pendant sept jours dans le ciel, une comète qui était l'âme de César[4]. Quand on s'interroge sur l'esprit humain, sur la nature de la réalité, il faut se garder des simplifications oiseuses. La réalité est à la fois plus simple et plus complexe

---

3. SUÉTONE, *Vies des douze Césars*, I, XXXII.
4. *Ibid.*, I, LXXXVIII.

que ce que nous imaginons. Dans le christianisme, le mot
« surnaturel » n'est apparu en théologie qu'au IXᵉ siècle,
écrit le père de Lubac, et il faut lire son livre pour comprendre que ce concept n'est pas facile à saisir. Mais l'idée
du surnaturel se retrouve dans les évangiles et même dans
les textes antérieurs. Le surnaturel, écrit le savant théologien, se greffe sur « la tendance moniste qui est au fond de
l'aspiration mystique universelle[5] ».

À propos des anges, je relève dans le livre de Jean-Paul
Kauffmann, *La Lutte avec l'Ange,* portant sur la célèbre peinture de Delacroix, des considérations tout à fait intéressan-
tes. Les anges ne sont pas des personnages ordinaires. Ils ne
sont pas des humains, ils ne sont pas des « comparses ».
L'Ange « est un porteur de message[6] » de l'au-delà. L'Inconnu
communique avec l'être humain sur le plan ontologique,
en le maintenant dans l'être. Il communique aussi avec lui
sur le plan spirituel, en lui envoyant des messagers. La lutte
de Jacob avec l'Ange rend compte de cette réalité spirituelle. De même, la fameuse scène de la *Genèse* où, dans
un songe, Jacob voit une échelle plantée en terre dont « le
sommet atteignait le ciel et les anges de Dieu y montaient
et descendaient » (*Genèse* 28,12). L'être humain communique avec le spirituel. Le spirituel vient à lui et il peut
l'accueillir.

5. Henri DE LUBAC, *Surnaturel*, Paris, Desclée de Brouwer, coll. « Théologie », 1991, p. 327, 402.

6. Jean-Paul KAUFFMANN, *La Lutte avec l'Ange*, Paris, La Table ronde,
Folio, 2001, p. 233-234.

L'esprit moderne ou postmoderne, qui est pourtant si facilement crédule et même superstitieux, bute bien souvent sur les récits de miracles dans la Bible et surtout dans les évangiles. Cette difficulté vient peut-être du fait qu'il réduit la réalité, qu'il lui enlève sa complexité, peut-être aussi du fait qu'il comprend difficilement la nature du langage biblique. Renan, à propos des évangiles, parle de «biographies légendaires». «L'inexactitude, dit-il, qui est un des traits de toutes les compositions populaires, s'y fait particulièrement sentir[7].» Il faudrait interroger le sens que Renan donne au mot «exactitude». Pour lui, il n'y a d'exactitude que «scientifique». «Aucun des miracles ne s'est passé dans des conditions scientifiques[8].» Or, l'Ancien Testament n'est pas un livre «scientifique»; les évangiles non plus. La Bible appelle une lecture différente de celle d'un manuel de physique ou de chimie. «Le chrétien ne croit pas à la Bible, écrit Hans Küng, mais à celui dont elle témoigne[9].» Dans *Le Dieu du Moyen-Âge*, l'historien J. Le Goff affirme que les miracles dans la Bible sont le signe de la «transcendance de Dieu». Ce qu'Hans Küng formule autrement: «Les récits en question nous informent souvent davantage de l'effet produit par un événement déterminé sur les hommes, que de l'événement lui-même[10].»

7. Ernest Renan, *Vie de Jésus*, Paris, Calmann-Lévy, 1949, p. 74.
8. *Ibid.*, p. 78.
9. Hans Küng, *Être chrétien*, Paris, Seuil, 1974, p. 179.
10. *Ibid.*, p. 482.

C'est peut-être dans cet esprit qu'il faut lire le récit des noces de Cana, où l'eau est changée en vin (*Jean* 2,1-11), ou encore l'épisode de la multiplication des pains et des poissons (*Marc* 6,30-44). Les évangiles rapportent la tradition populaire des premières communautés chrétiennes. Pendant des décennies, on se transmet le récit de la vie de Jésus qui alimente la piété des croyants. On n'invente pas les miracles produits par le Christ dans le but de convaincre les gens de croire en la divinité du Christ, mais on croit que parce que Jésus est ce qu'il est, tout lui est possible. Comte-Sponville a raison d'écrire : « L'amour, non les miracles, constitue l'essentiel de son message[11]. » Pour ma part, je serais porté à penser que ces problèmes posés par les miracles dans les évangiles et dans la Bible relèvent plus de la dimension mystique de l'existence humaine, présente dans tous les pays et à toutes les époques, que de la science qui, à mesure qu'elle se développe, est beaucoup plus humble dans ses tentatives d'expliquer les lois de l'univers. Des livres comme *L'Univers dans une coquille de noix*, de Stephen Hawking, *La Théorie du chaos*, de James Bleik, ou *La Nouvelle Alliance*, de Ilya Prégogine et Isabelle Stengers, illustrent bien que le rationalisme et le scientisme sont dépassés. Le monde n'est pas un automate. On a l'impression que poètes et savants se rencontrent, s'inspirent. Le monde est moins régi par des lois qu'on l'a cru autrefois. Plus personne, aujourd'hui, ne soutient, comme Renan, que la science remplace la religion, que la science épuise la réalité.

11. *Op. cit.*, p. 75.

On peut se poser la question : y a-t-il des erreurs dans la Bible ? Hans Küng parle des « erreurs profanes, scientifiques et historiques qui se trouvent dans les textes[12] ». D'autres affirment qu'il n'y a pas d'erreurs dans la Bible. Il faut se rappeler que la Bible n'est pas un livre de science, mais un livre religieux. Et ce message religieux est formulé avec les connaissances de l'époque. Les connaissances astronomiques de l'époque, par exemple, ne sont pas enseignées comme connaissances astronomiques, mais elles font partie du langage de l'époque, de la culture de l'époque. Küng dit qu'il « ne faut pas à tout prix et partout sauver le sens littéral des textes de l'Écriture[13] ». Je ne comprends pas très bien. Dans l'Écriture, il faut prendre le texte tel qu'il est. C'est un document inspiré, oui, mais c'est aussi un document humain. Il faut lire le sens littéral. Les actes barbares des membres du peuple élu rapportés dans certains livres de l'Ancien Testament sont des actes barbares. On n'a pas à voir là des « figures » ou des « symboles » d'une réalité mystérieuse, cachée. C'est à ces hommes barbares que Dieu s'adresse par ses prophètes. La réalité est la réalité.

Le sens littéral de l'Écriture comprend des raisonnements, des récits d'événements, des figures, des paraboles, des symboles, des images de toutes sortes, comme dans toute écriture humaine. Mais on affirme que l'Écriture

---

12. Hans KÜNG, *Mémoires. Mon combat pour la liberté*, Ottawa / Paris, Novalis / Cerf, 2006, p. 485.

13. *Ibid.*, p. 268.

sainte est inspirée, que Dieu parle par ses prophètes, par les écrivains sacrés, et ce qu'ils disent dépasse souvent leur propre compréhension, un peu comme on dit que bien souvent un écrivain ordinaire exprime des vérités qui débordent sa pensée. Et cela est vrai pour toute personne. À travers nos phrases, c'est la pensée, la culture d'une société qui transparaît. Quelque chose d'analogue se produit dans la Bible. Dieu s'est révélé à Israël. Sa présence s'exprime dans la vie et la conscience du peuple d'Israël. Ce peuple est barbare, cruel, mais Dieu lui a dit : Tu ne tueras pas, tu adoreras ton Dieu. Dieu t'aime, il te protège. Ce message est présent dans la vie du peuple d'Israël, il influence ses mentalités, le sens de sa vie, de son histoire. Il inspire la vie du peuple choisi et ses écrits. L'Écriture est inspirée parce que Dieu est présent dans son peuple, dans ses pensées, ses actions, ses espérances. Et ce qui arrive est d'une certaine façon une conséquence de la manifestation de Dieu. Quand dans la Bible on rapporte une scène de barbarie, cela ne veut pas dire que parce qu'on est dans la Bible cette barbarie est recommandée. La Bible n'est pas un livre édifiant, c'est un livre humain et un livre inspiré. La conscience humaine est appelée à évoluer. Elle évolue. Dieu tonne et console, il encourage et menace. Il n'abandonne pas l'être humain avec qui il a fait alliance.

J'amorce ici une considération que je développerai dans les pages suivantes. La Bible, tant l'Ancien que le Nouveau Testament, n'est pas de l'ordre de la philosophie, de la dialectique ou de l'argumentation ; elle n'est pas non plus au sens rigoureux de l'ordre de la religion, c'est-à-dire qu'elle formulerait une doctrine émanant du psychisme humain, de l'introspection ou de la seule réflexion de l'homme sur sa situation dans le temps et dans l'univers. Elle se présente d'abord comme une révélation de Dieu, et c'est dans cette optique qu'il faut la lire. C'est au nom de cette révélation de Dieu que se fait la lutte contre l'idolâtrie et le polythéisme dans l'Ancien Testament.

L'important, c'est que cette parole adressée par Dieu à l'humanité arrive jusqu'à nous. Même si la Bible est encore aujourd'hui le livre par excellence, elle est l'objet de beaucoup de préjugés et bien des gens ne la fréquentent pas, se coupant ainsi de la « révélation » qui a inspiré le monde dans lequel nous vivons. À la suite de la Réforme protestante du xvie siècle, on a reproché à l'Église catholique de ne pas encourager les fidèles à lire la Bible, craignant qu'ils l'interprètent mal. Et il faut bien admettre que les égarements sont toujours possibles. C'est pourquoi il faut lire la Bible en Église, c'est-à-dire en tâchant de profiter des lumières de la communauté chrétienne. Mais ce dont nous devons prendre conscience et que nous devons essayer de corriger, c'est, avec la baisse de la pratique religieuse, l'absence de la Bible dans la vie des gens. Autrefois, même les gens les plus simples se retrouvaient à l'Église le dimanche et entendaient la lecture des textes des deux Testaments. Même si les homélies du curé n'étaient pas toujours très savantes, tous les dimanches, le message biblique arrivait jusqu'à eux. Ainsi, on leur rappelait que Dieu était présent dans leur vie, qu'il leur demandait de s'aimer les uns les autres, de se pardonner, de s'entraider, de se respecter. On leur rappelait la beauté et la dignité de la vie humaine, leur condition d'enfants de Dieu, destinés à la vie éternelle. Cet enseignement, de nos jours, rejoint difficilement les foules, qui vont moins à l'Église, et l'on a l'impression que ces foules privées de spiritualité sont livrées à la cupidité illimitée de la publicité et de la propagande médiatique.

Quoi qu'on fasse, quoi qu'on en dise et quoi qu'on en pense, la Bible demeure le livre par excellence, posé au centre de la culture et de l'histoire. Son message est loin d'être épuisé et jusqu'à la fin des temps, les hommes et les femmes y trouveront des choses anciennes et des choses nouvelles. La Bible nous parle de Dieu, à la fois le grand Inconnu et celui qui est plus intime à nous-mêmes que nous. Celui dont nous savons plus ce qu'il n'est pas que ce qu'il est. Celui à l'image de qui nous avons été créés. Et c'est pourquoi, jusqu'à la fin des temps, la Bible demeure le livre irremplaçable. Le livre qu'il faut lire dans les dispositions décrites par saint Augustin : « Chercher comme devant trouver, trouver comme devant chercher encore[14]. »

14. Cité par Henri DE LUBAC, *Exégèse médiévale*, 1, Paris, Aubier, 1959, p. 99.

3

Spiritualité chrétienne

On parle de philosophie, de théologie, d'ascèse, de psycho-
logie, de spiritualité. Qu'entend-on par spiritualité, et par
spiritualité chrétienne en particulier? La spiritualité n'est
pas une idéologie ou un système de pensée. Le mot «spiritualité» évoque l'idée d'«esprit», de mentalité, d'ambiance,
d'atmosphère. Il s'oppose, par ailleurs, il me semble, à
matérialisme, déterminisme. Il se distingue aussi de théologie, de science, dans le sens qu'il est plutôt de l'ordre de
la pratique, de l'expérience. Peut-on parler de la spiritualité
de l'athée? Peut-être, si l'on veut désigner ce qui concerne
la manière dont l'athée se comporte intérieurement par
rapport à la vie, à l'inconnu. Mais l'athéisme n'est-il pas la
négation de la spiritualité?

On pourrait peut-être définir la spiritualité comme
l'ouverture de l'être humain à ce qui le transcende, l'expérience vécue de la relation à ce qui le transcende. Elle est
tout à fait «le contraire de l'introspection», écrit Comte-

Sponville[1]. C'est un point de vue que je partage entièrement.

Pourtant, le spirituel n'est pas un au-delà de la réalité. Il est une dimension de la réalité. La réalité n'est pas ce que l'on pense. Je n'arrive pas à exprimer ce que je ressens devant un arbre, un oiseau, le ciel, la vie… Tout ce qui ne se dit pas, qui ne s'exprime pas, qui ne s'explique pas, et qui existe : le contraste des couleurs, les formes des plantes, les nuances des sentiments… Devant une peinture, la personne inculte ne voit que des lignes et des couleurs ; la personne cultivée voit un monde qui a son secret, devant lequel elle se sent interpellée et muette. Le spirituel est de l'ordre de la réalité que la raison ne peut circonscrire. Cette réalité transparaît dans des signes, des gestes, des correspondances. Enlevez le clocher des petites églises romanes de France, et les villages auront une tout autre allure. Le clocher donne une dimension spirituelle à l'espace, comme les sonneries des cloches au rythme du temps. Il faut lire chez Marcel Proust ces considérations toutes fraîches sur les clochers des villages de France qui ont « meilleur air, plus de noblesse, plus de désintéressement, plus d'intelligence… plus d'amour que les autres constructions, si votées soient-elles par les lois les plus récentes[2] ».

Dans toutes les cultures, certaines montagnes ont quelque chose à voir avec le spirituel, qu'il s'agisse du Sinaï, où

---

1. *Op. cit.*, p. 209.
2. Marcel PROUST, *Pastiches et mélanges*, Paris, Gallimard, coll. « La Pléiade », p. 771.

Dieu donne à Moïse les Tables de la Loi, ou du mont Thabor, où le Christ se manifeste dans sa gloire. Pour certains, le désert est le lieu de l'expérience spirituelle, pour d'autres, c'est la lecture, la méditation. Le spirituel a son ordre à lui. Ce qui l'évoque le mieux, ce n'est pas la raison, ce sont les récits, les analogies. Il n'est pas de l'ordre des raisonnements, des preuves. Les mots ne peuvent que le suggérer, y faire allusion. Il est de l'ordre de la lumière. La lumière, on ne la voit pas, mais elle rend visible ce qu'elle éclaire. Il ne faut jamais oublier que les mots donnent une forme à la pensée et la limitent. Quand je dis « Dieu », il y a risque que je me comporte comme si j'avais circonscrit la réalité que j'appelle Dieu. Il faudrait essayer de concevoir Dieu sans le nommer, mais cela est impossible.

Je trouve pour ma part que Sertillanges suggère très bien le sens de la spiritualité quand il tente de décrire la relation entre la religion et l'art, et spécialement entre la musique et la religion. « Quant à cette espèce de halo indéfini, de dynamisme sans frontières que la musique a pour suprême effet de suggérer au-delà de toute vision et de tout sentiment précis, il correspond, à le bien prendre, à un objet religieux par excellence, à savoir l'idée de l'Être sans bornes, l'intuition du pouvoir qui construit les mondes, le sentiment des gestes de Dieu dans tout l'univers, la perception de toutes les durées, y compris l'éternelle. N'est-ce pas là encore une fois un point de recouvrement de la religion et de l'art[3] ? »

3. A.-D. SERTILLANGES, *Prière et musique*, Paris, Spes, 1943, p. 42-43.

La spiritualité chrétienne serait l'expérience concrète, existentielle de la foi. Le croyant fait l'expérience concrète que Dieu existe, qu'il intervient dans la vie humaine, que l'être humain peut s'ouvrir à la vie divine en accueillant la «Bonne Nouvelle» du salut.

Ce qui constitue le cœur de la spiritualité biblique, et spécialement de la spiritualité chrétienne, c'est la conviction que Dieu existe, que lui seul est Dieu et que par conséquent l'homme est libre par rapport à tout le reste. Dieu seul est Dieu, et il nous accepte comme ses enfants, il est de notre côté. D'une certaine façon, tout le reste n'a pas d'importance. Vous n'êtes pas faits pour l'argent, le confort, les sports, vous êtes fils et filles de Dieu. Quand vous avez compris cela, vous pouvez user de tout le reste comme n'en usant pas, disait saint Paul, en restant libres, en restant vous-mêmes. Pour exprimer cette suprême liberté du croyant, saint Paul affirme : «Tout est à vous, vous êtes au Christ, et le Christ est à Dieu» (*1 Corinthiens* 3,23). Une telle vision de l'homme fonde l'existence humaine sur une solidarité avec tout ce qui est et en même temps consacre en quelque sorte la suprême dignité de l'être humain. C'est cette réalité qui fonde la spiritualité chrétienne que saint Paul décrit de façon géniale : «Mais le fruit de l'Esprit est charité, joie, paix, longanimité, serviabilité, bonté, confiance dans les autres, douceur, maîtrise de soi : contre de telles choses, il n'y a pas de lois» (*Galates* 5,22). La spiritualité chrétienne est comme la résonance dans l'existence humaine de la croyance en un Dieu qui est amour, qui n'abandonne pas l'homme à sa misère, ce qui engendre chez ce dernier une paix qui «surpasse toute intelligence» parce qu'elle est une communication de Dieu (*Philippiens* 4,7). Saint Paul va jusqu'à dire: «Cherchez à imiter Dieu» (*Éphésiens* 5,1), ce qui illustre bien que la vie chrétienne a une direction, un sens, une inspiration. Elle ne peut se perdre dans le dédale des futilités sans se renier elle-même. Elle est liberté, elle est aussi inspiration, elle est inspirée, au sens passif du mot, elle est le fruit de l'Esprit. Et parce qu'elle est pour une part une communication de Dieu, elle est action de grâces.

L'attitude chrétienne fondamentale est aux antipodes du ressentiment. Elle est essentiellement action de grâces. Elle est en même temps recherche de Dieu, désir de Dieu. «Celui qui cherche, dit Péguy, entre dans la dépendance de celui qui est cherché.» Celui qui cherche l'argent tombe dans la dépendance de l'argent. Celui qui cherche Dieu entre dans la dépendance de Dieu. C'est cette intimité inénarrable qui caractérise les saints, et qui se trouve au cœur de la spiritualité chrétienne. C'est ce qui faisait dire à Mauriac: «Il y a chez le chrétien le plus tiède, s'il est tout de même un vrai chrétien, un attachement, une passion à la mort à la vie, une tendresse qui participe de l'enfance, je ne sais quoi de doux qui n'est pas de ce monde[4].» La foi chrétienne est fondamentalement confiance en l'Être. Elle engendre une disposition qui influence le croyant par rapport au monde, par rapport aux autres. On pourrait définir

---

4. François MAURIAC, *Le Nouveau bloc-notes: 1958-1960*, Paris, Flammarion, 1961, p. 43.

la personne spirituelle comme celle qui devient meilleure dans le rayonnement de la foi. Le fidèle n'adhère pas seulement à Dieu. Non seulement il croit que Dieu existe, mais il lui fait confiance, il le loue, il lui rend grâces, il s'en remet à lui, il lui est fidèle. C'est la disposition que l'on trouve souvent dans les psaumes, c'est le fondement de la prière personnelle et de la prière liturgique.

Le mot, donc, qui caractérise le mieux la disposition fondamentale qu'implique la spiritualité chrétienne est le mot « liberté ». Le Christ est libre de la liberté même de Dieu, et il n'y a qu'un commandement : l'amour de Dieu et du prochain. Et cette même liberté constitue pour saint Paul le salut, et Paul la célèbre avec des accents absolument inédits dans l'histoire de l'humanité. Liberté par rapport à la Loi, liberté par rapport aux institutions sociales : « Il n'y a plus ni hommes ni femmes, ni maîtres ni esclaves, ni juifs ni Gentils. » C'est là une donnée fondamentale qui imprègne toute la vie chrétienne. C'est ce que saint Paul appelle le salut. L'homme est sauvé par la foi, parce que par la foi il s'ouvre à Dieu. C'est là « péché d'orgueil », écrit Comte-Sponville[5]. Mais n'est-ce pas plutôt tout le contraire ? Avoir la foi, c'est s'en remettre à quelqu'un d'autre, c'est accueillir l'Inconnu. Celui qui est satisfait de lui-même ne peut s'en remettre à un autre. La foi, au contraire, implique une

5. *Op. cit.*, p. 133.

désappropriation de soi, mais une découverte de soi imprévisible. Saul devient Paul. Abram devient Abraham. Ce qui se passe chez les saints de façon triomphante se produit chez chacun de nous dans des proportions moins éclatantes, mais non moins radicales. La spiritualité chrétienne, c'est l'expérience humaine imprégnée de l'Esprit du Christ.

C'est en considérant le comportement du Christ, sa conduite, son enseignement que l'on saisit ce qu'est son Esprit. Jésus vit dans une grande intimité avec son Père, son existence ouvre sur une dimension inédite, inépuisable, infinie. Le Christ, par ailleurs, n'est pas un ascète. L'intériorité que l'on sent chez lui n'est pas de l'ordre de l'ascèse ou de l'effort mystique, mais de l'ordre de l'être. Certains sont plutôt scandalisés par son côté décontracté, par le bonheur de vivre qui rayonne de lui.

Le Christ n'est pas un ascète. Il n'est pas non plus un résigné. Il est un militant qui n'hésite pas à dénoncer le désordre établi. Il chasse les vendeurs du Temple. Il dénonce l'hypocrisie des pharisiens. Il déclare qu'il n'est pas venu apporter la paix, mais le glaive. Ce qui ne signifie pas qu'il approuve la guerre. Bien au contraire. Il a refusé de se faire reconnaître comme chef temporel. Il n'a pas accepté qu'on se serve de l'épée pour le défendre, mais il dénonce l'hypocrisie et l'exploitation des petits par les puissants. C'est d'ailleurs parce qu'il provoque ses adversaires qu'il entre en conflit avec son époque et sera mis à mort. La foi chrétienne est révolutionnaire. Elle ne s'accommode pas de n'importe quoi. «Ne prenez pas part aux œuvres stériles des ténèbres, écrit saint Paul, dénoncez-les plutôt»

(*Éphésiens* 5,11). La foi chrétienne souhaite l'avènement du règne de Dieu. C'est le sens de la prière que Jésus nous a apprise : « Que ton nom soit sanctifié, que ton règne vienne... » Le chrétien croit en Dieu et espère que le plan de Dieu sur l'homme se réalisera. C'est dans ce sens, il me semble, que saint Paul souhaite et annonce le retour du Christ. Dieu est présent dans le monde, dans l'histoire, malgré les apparences, et le croyant espère que le règne de Dieu se réalise de plus en plus. La spiritualité chrétienne se distingue d'une certaine spiritualité orientale qui n'espère rien. « Vivre heureux, dit Krishnamurti, c'est vivre sans espoir. » Et Parajnanpad : « L'espoir est le principal ennemi de l'homme. » Comte-Sponville, qui cite ces auteurs, ajoute : « Celui qui n'espère rien est sans crainte[6]. »

Ce refus de l'espérance est absolument opposé à la spiritualité chrétienne, qui est axée sur la foi en Dieu, l'ouverture à Dieu, l'attente de Dieu, le désir de la manifestation de Dieu. C'est en ce sens que, pour une part, il faut comprendre l'enseignement de saint Paul qui annonce le retour imminent du Christ. Dieu n'abandonne pas l'humanité. Il agit au milieu des hommes, par son Esprit, par ses saints, par ceux et celles qui accueillent son enseignement. Mais il ne violente personne. Il se fait connaître aux personnes qui s'ouvrent à son Esprit, et cette connaissance triomphe de la méchanceté et de la mort elle-même. Malheureusement, notre monde est résigné. Il a perdu le sens de l'espérance. La très grande majorité, la presque totalité des gens

6. *Op. cit.*, p. 187, 188.

ne voient pas ce que pourrait être le monde si on s'y mettait vraiment, si l'on développait toutes les ressources dont nous disposons. Ce n'est pas être pessimiste que de voir et de dénoncer les fourvoiements du monde actuel. Le problème, c'est que la lucidité est trop lourde à porter pour certains. Mieux vaut se fermer les yeux et se boucher les oreilles. Saint Paul, au contraire, appelle les croyants au combat, à lutter contre l'esprit du mal. Le Christ est mort et ressuscité, ce qui signifie la victoire de la vie sur la mort, sur le mal. Il y a une résignation, un laisser-faire, une indifférence qui ne sont pas des attitudes chrétiennes.

Le spirituel, cela va de soi, n'est pas de l'ordre de ce qui est mesurable, vérifiable, comptabilisable. Il n'est pas de l'ordre des preuves, des démonstrations, de l'utile, du rentable. « Celui qui est de l'Esprit, disait saint Paul, nul ne sait d'où il vient ni où il va. » L'infini n'a pas de règles, et il est au-delà des lois et des conventions. C'est pourquoi le Christ recommandait à ses disciples de se méfier des faux prophètes, et saint Paul demandait à ses fidèles d'user de discernement. La vie spirituelle ne va pas de soi, car les humains ont peur de la liberté et s'en remettent bien souvent au premier colporteur de recettes et de fausses promesses.

Ainsi, bien souvent, les hommes troquent la spiritualité pour un rationalisme rigide qui diminue l'être humain et le réduit à quelque chose qui ressemblerait à un syllogisme ou à un raisonnement. Au moment de la Révolution française, on a tenté de remplacer l'Esprit par la déesse Raison. Mais quand on fait de la raison une déesse, on la rend ridicule, et l'on sombre dans la crédulité. Déjà, Pascal disait que le cœur a ses raisons que la raison ne connaît pas. La science moderne reconnaît que la réalité est beaucoup plus complexe qu'on ne l'a longtemps imaginé, et dans le domaine spirituel spécialement, la raison s'en tient à des approximations.

Ne l'oublions jamais, le langage ne peut exprimer toute la réalité. L'athéisme a un fondement dans le fait que, de Dieu, on sait plus ce qu'il n'est pas que ce qu'il est. Par ailleurs, la connaissance de ce qui n'est pas Dieu est limitée, alors que la connaissance de Dieu reste toujours ouverte. Il faut se garder de s'imaginer que quand on a dit «Dieu», on a réglé le problème, on a épuisé la réalité. Dieu reste toujours au-delà de nos concepts et de nos discours. Et pourtant, nous ne pouvons cesser d'en parler. D'une certaine façon, nommer Dieu, c'est le nier. Quand on nomme quelque chose, on l'enferme dans un concept, un mot. On lui impose des limites. Voilà pourquoi Dieu se fait connaître à Moïse sans se nommer, sans s'appeler Dieu. Il lui dit qu'il est «Je suis», Yahvé.

J'écris cela pour indiquer que dans le domaine du spirituel, la formulation n'est pas adéquate à la réalité. Elle est plutôt suggestive, approximative. C'est pourquoi le traitement du spirituel peut donner lieu à toutes sortes d'interprétations fautives et même bizarres. C'est pourquoi, dans le verger fertile du spirituel, les parasites pullulent. Le discours sur Dieu, sur le spirituel, peut donner lieu aux affirmations les plus biscornues. Il peut servir d'échappatoire, de prétexte à toutes les démissions, aux jugements les plus erronés. On doit trouver très étrange, par exemple, cette manie de rendre la religion responsable de la violence dans le monde, quand on considère que la religion condamne la violence mais qu'elle ne réussit pas à civiliser les hommes. Les préceptes de Moïse sont clairs : tu ne tueras point, tu respecteras la femme de ton voisin, etc. Si les hommes et les femmes observaient le décalogue, la violence disparaîtrait. Et à plus forte raison s'ils suivaient l'enseignement de l'Évangile : tu aimeras ton prochain comme toi-même, il faut pardonner à son prochain, etc. Comme l'écrit Comte-Sponville : « Ce n'est pas la foi qui pousse aux massacres, c'est le fanatisme[7]. » Si tous les hommes vivaient l'Évangile à la perfection, il n'y aurait plus de massacres, plus de guerres. L'esprit chrétien est fait de douceur et de force, d'indulgence et de détermination, de pardon et d'exigence, de liberté et de responsabilité. Mais il est facile de déformer cette simplicité complexe. L'être humain a une certaine connivence avec le bien, avec Dieu. Mais il a aussi une connivence avec le mal, avec ce qui est ambigu. Le mal exerce sur lui une fascination étrange. L'être humain croit se valoriser en se prêtant à l'expérience de ce qui le blesse, l'avilit. La transgression des lois est de cet ordre de réalité. Ainsi abuse-t-on de la liberté d'expression pour excuser les pires grossièretés. L'art lui-même bien souvent cultive le scandale, le morbide, au

7. *Op. cit.*, p. 88.

nom même de la dignité humaine. Cette ambiguïté n'est pas facile à lever, car le mensonge se donne toujours des airs de vérité.

Marie de l'Incarnation a écrit que «la nature humaine corrompue se porte plutôt à croire le mal que le bien[8]». Il est plus facile de faire le mal que le bien. Il y a dans l'homme un certain goût pour ce qui est ambigu, un certain goût du scandale, une certaine curiosité pour tout ce qui n'est pas orthodoxe, parce que confusément, plus ou moins inconsciemment, cela excuse sa propre lâcheté. Si je suis convaincu que l'Église est corrompue, que les pasteurs sont pervertis, je suis excusé, je me sens justifié de céder à mes dérèglements, de ne pas accueillir son enseignement. C'est ce qu'ont compris ceux que j'appelle les parasites du spirituel, ceux qui exploitent la fascination qu'exerce le scandale sur l'esprit humain. C'est toute une industrie qui au nom de l'art, de la science, de l'histoire, vit de cette ambiguïté. Le spirituel ne s'oppose pas à la raison, mais il la déborde, et c'est pourquoi il n'est pas toujours facile de distinguer la spiritualité de la crédulité, de la superstition. Le langage n'est jamais tout à fait à la hauteur de la réalité. Il est facile de jouer sur cette inadéquation, de confondre liberté et libertinage, érotisme et pornographie, conviction et fanatisme, esprit critique et raillerie, humour et ironie. Le statut de l'humour, dans notre société de spectacle, est plutôt ambigu. Comme l'écrit Pascal Bruckner:

---

8. Citée par Chantal Théry, *De plume et d'audace. Femmes de la Nouvelle-France*, Montréal/Paris, Triptyque/Cerf, 2006, p. 49.

« La frontière est infime entre la vulgarité subversive et la vulgarité complaisante qui reconduit ce qu'elle était supposée contester[9]. » Dans ce domaine comme dans bien d'autres, il est facile de capitaliser sur la faiblesse humaine, je dirais sur la bêtise humaine. Si vous ridiculisez les gens de bien, vous donnez bonne conscience aux délinquants.

Il faudrait parler de la discrétion du spirituel. Le spirituel n'a rien à voir avec la bêtise, le sensationnalisme, le scandale. Rappelons-le, il est plus facile de détruire que de construire. Il suffit d'une allumette pour anéantir en quelques heures des édifices que l'on a mis des années à construire. Je pense à ces gens qui, au nom d'une certaine liberté de pensée, d'une certaine libération des tabous et de la superstition, discréditent le sens spirituel, la dimension spirituelle de l'être humain. Des gens frustrés qui tiennent la religion responsable de leurs frustrations.

Bergson affirmait que notre société avait besoin d'un supplément d'âme. On pourrait dire d'un supplément de spiritualité. L'homme moderne, cela est étrange, se prend facilement pour une machine, une mécanique quelconque. Peut-être par un effort de simplification, par la domination des réflexes, des automatismes sur la vie. La liberté est parfois lourde à porter. Elle est à réinventer continuellement,

---

9. Pascal Bruckner, *L'euphorie perpétuelle. Essai sur le devoir de bonheur*, Paris, Grasset, Livre de Poche, 2000, p. 188.

elle a à se réinventer. La spiritualité est la fine pointe de la liberté. Elle est au-delà des déterminismes, des slogans, des modes, de la publicité. «Celui qui est né de l'Esprit, nul ne sait d'où il vient ni où il va», répète saint Paul. L'Esprit est à la fois transcendant et immanent. Il est en nous et il échappe à nos arrangements.

L'expérience du vide est un malheur dans le monde. L'homme actuel n'a pas d'intériorité. Malgré tout, la voix intérieure proteste, car quoi qu'il en pense, l'être humain n'est pas une mécanique. Dans la mesure où il connaît et aime, il n'est pas une mécanique. Mais il s'ignore. Il invente toutes sortes de compensations: le culte des vedettes, l'intérêt démesuré pour le monde du sport, le goût du sensationnel. On pourrait parler d'intériorité d'emprunt, par compensation. Il y a un malheur du monde que la grande majorité des gens ignore et subit. Ils préfèrent ne pas le regarder, faire comme s'il n'existait pas. Je suis frappé par le nombre de préceptes négatifs dans le Décalogue: «Tu n'auras pas d'autres dieux que moi. Tu ne te feras aucune image sculptée… Tu ne te prosterneras pas devant ces images… Tu ne tueras pas… Tu ne commettras pas d'adultère… Tu ne voleras pas, etc.» (*Exode* 20,1-17). Ces recommandations partent de la reconnaissance du mal dans le monde. Il ne faut pas céder au mal. La tentation est toujours grande de céder au mal.

Quand je considère le déferlement de la brutalité, de la violence sous toutes ses formes dans le monde actuel, je me dis qu'on ne peut réduire cette barbarie que si l'on prend conscience de l'importance de recourir à l'esprit chrétien qui nous demande de respecter les autres, de ne pas répondre à la violence par la violence, de pardonner, de traiter les autres comme nous voudrions nous-mêmes être traités. Le monde actuel a besoin de s'approprier ou de se réapproprier le contenu de la foi chrétienne. La spiritualité, les différentes formes de spiritualité qui pullulent dans notre société sont souvent des succédanés de la religion païenne, de l'esprit religieux païen, qui n'ont pas grand-chose à voir avec la foi chrétienne. Sans la foi, l'espérance risque de s'effacer, de même que la charité, ou ce que Claudel appelle «l'appétit profond», le sens du caractère précieux et inépuisable de la vie. Sans la foi, la vie risque de devenir banale, le sentiment de la valeur inépuisable de la vie et de tout ce qui existe risque de se dissiper dans la futilité.

On ne peut parler de spiritualité chrétienne sans dire un mot de la prière, qui en est l'âme, l'aliment principal. Je ne peux m'empêcher de citer le célèbre texte d'Alexis Carrel: «La prière est une force aussi réelle que la gravitation universelle.» Elle soutient nos facultés, grandit notre être. «En priant, nous nous joignons à l'inépuisable force motrice qui fait tourner la terre[10].» La prière permet à l'homme de sortir de lui-même, soit dans un acte de demande, soit dans

---

10. Alexis CARREL, *La Prière*, Paris, Plon, 1944. Cité par CLAUDEL, *Le Poète et la Bible*, 1, Paris, Gallimard, 1998, p. 976-978.

un acte de louange. Les psaumes sont remplis d'élans vers Dieu. «Rendez grâces au Seigneur, car il est bon, éternel est son amour… Loue Dieu, terre entière… Chantez à Yahvé un chant nouveau…» Et saint Paul formule pour nous la spiritualité de façon inoubliable : «Le Christ tel que vous l'avez reçu : Jésus le Seigneur, c'est en lui qu'il vous faut marcher, enracinés et édifiés en lui, appuyés sur la foi telle qu'on nous l'a enseignée, et débordants d'action de grâces» (*Colossiens* 2,6-7). «La charité est longanime, la charité est serviable, elle n'est pas envieuse ; la charité ne fanfaronne pas, ne se rengorge pas, elle ne fait rien d'inconvenant, ne cherche pas son intérêt, ne s'irrite pas, ne tient pas compte du mal ; elle ne se réjouit pas de l'injustice, mais elle met sa joie dans la vérité. Elle excuse tout, croit tout, espère tout, supporte tout» (*1 Corinthiens* 13,4-7). «Restez toujours joyeux. Priez sans cesse. En toute condition soyez dans l'action de grâces. C'est la volonté de Dieu sur vous dans le Christ Jésus» (*1 Thessaloniciens* 5,16). Et nous voilà bien loin des raisons, des mesquineries et des vanités frivoles.

4

Le ferment dans la pâte

Pour le jeune Marcel Proust, les cathédrales gothiques
« sont la plus haute et la plus originale expression du génie
de la France[1] ». Il est influencé dans cette affirmation par
l'écrivain anglais John Ruskin qui a écrit sur l'art gothique
des pages mémorables. Pour ce dernier, le sentiment religieux inspire et dirige le sentiment esthétique. Sa ferveur
religieuse, écrit Proust, renforce sa sincérité esthétique et
la protège. Ruskin écrit : « Toutes les belles choses furent
faites, quand les hommes du moyen âge croyaient la pure,
joyeuse et belle leçon du christianisme » et « il voyait
ensuite l'art décliner avec la foi, l'adresse prendre la place
du sentiment[2] ».

Pour Ruskin, la ferveur religieuse renforce la sincérité
esthétique et la protège. C'est pourquoi Ruskin avait fait
de la beauté une véritable religion. La beauté est de l'ordre

---

1. Marcel PROUST, *op. cit.*, p. 142.
2. *Ibid.*, p. 123.

de la religion, et si l'être humain ne se dépasse pas, il ne peut y accéder. De même, la recherche du bonheur pour lui-même ne fait pas disparaître l'ennui, et il faut pour le trouver chercher autre chose que lui. La vérité de l'homme n'est pas dans la possession mais dans le désir. C'est une dimension sans cesse rappelée par la foi chrétienne : « Cherchez avant tout le royaume de Dieu, le reste vous sera donné par surcroît. » C'est ce que saint Augustin, que j'aime à citer, exprime d'une autre façon : « Le bonheur de Dieu est dans la possession de la vérité, mais le bonheur de l'homme est dans la recherche de la vérité. »

Ces considérations tournent autour de l'idée de salut. Qu'est-ce qui peut sauver l'homme ? Qu'est-ce qui peut l'empêcher de déchoir, de sombrer dans le malheur et le néant ? La réponse de saint Paul est claire : c'est la foi qui sauve. C'est la foi qui apporte le salut. L'homme ne peut se « sauver », se réaliser, s'accomplir sans la foi en Dieu.

On pourrait décrire la situation de l'être humain dans l'existence de la façon suivante. De tous côtés nous butons contre l'Inconnu. Pourtant, il existe en nous un besoin très fort de nous ajuster à la réalité, un besoin de vérité, c'est-à-dire de vivre ou de nous conduire en conformité à ce qui est et à ce que nous sommes. Il est extrêmement important que l'homme garde conscience de l'existence de l'Inconnu, qu'il garde conscience qu'il dépend de lui et qu'il doit s'ajuster à cette donnée fondamentale de son existence. Comment vivre en fidélité à ce que nous ne connaissons pas et dont nous dépendons, comment nous ajuster à l'Inconnu ? Comment assumer cette part d'inconnu, être cohérent avec ce que nous ne connaissons pas mais qui nous concerne, dont nous dépendons? La raison est très précieuse, mais elle n'épuise pas la réalité de l'être. Elle ne perce pas le secret de l'Inconnu; elle nous incite à reconnaître son existence, mais elle ne peut percer son mystère et nous permettre de l'assumer. L'être humain ne distingue pas toujours ce qui est bon pour lui, ce qui le « sauve », ce qui l'épanouit, et ce qui le dégrade, ce qui l'avilit.

À mon avis, nous pouvons assumer adéquatement notre situation par rapport à l'Inconnu uniquement si l'Inconnu lui-même nous apprend qui il est, nous indique la conduite à suivre, le comportement à adopter. Autrement dit, si l'Inconnu se fait connaître. C'est dans cette perspective que se situe la tradition judéo-chrétienne. Dans la Bible, l'Inconnu se manifeste à l'homme, il se révèle et lui indique une ligne de conduite. Dieu dit à Abraham: « Ne crains pas, Abram. Je suis ton bouclier, ta récompense sera grande » (*Genèse* 15,1). Que pourrait craindre Abraham? Les hommes? Les puissances qui soutiennent le monde? Dieu lui dit qu'il sera son Dieu, son protecteur. Il fait alliance avec lui. « Marche en ma présence, dit-il, et sois parfait » (*Genèse* 17,1). Marcher en présence de Dieu, c'est vivre en présence de l'Inconnu, c'est rejeter les idoles, vivre en conformité à la réalité, vivre dans la vérité même par rapport à ce qu'on ne connaît pas.

La Bible est très claire à ce sujet: la loi apprend à l'homme à se conduire par rapport à l'Inconnu, à être fidèle aux réclamations profondes de son être et aux règles régissant l'univers. On lit au *Livre des proverbes*: « Les méchants ne comprennent pas le droit, ceux qui cherchent Yahvé comprennent tout » (*Proverbes* 28,5). Dans le *Deutéronome* : « Quand l'homme se conduit mal, il ne voit plus la face de Dieu » (31,17-18). Mais s'il connaît Dieu, il se connaît lui-même. S'il est fidèle à Dieu, il est fidèle à lui-même. En rendant un culte à Dieu, on assume implicitement une dimension inconnue de l'être humain.

On retrouve très souvent dans l'Ancien Testament et dans toute la Bible l'idée voulant que la personne qui observe la Loi, croit en Dieu et met sa confiance en lui réussira sa vie. « Qui se repose en Yahvé prospérera » (*Proverbes* 28,25). Le juste fleurira comme le cèdre du Liban, dit un psaume.

On semble aujourd'hui avoir perdu la connaissance de cet enseignement de la Bible. Dans le débat public autour de la « religion », de l'héritage « judéo-chrétien », on semble avoir oublié l'essentiel du message. C'est pourquoi je me plais à citer quelques passages de l'Ancien Testament illustrant bien que son message n'est pas un message de culpabilité et de morosité, mais de joie et de délivrance. Le *Deutéronome*, spécialement, nous offre un enseignement des plus salvateurs. Il nous est demandé de garder les lois et les commandements de Dieu pour avoir « bonheur et longue vie sur la terre que Yahvé ton Dieu te donne pour toujours » (*Deutéronome* 4,40). Et un peu plus loin : « Vous suivrez le chemin que Yahvé votre Dieu vous a tracé, alors vous vivrez, vous aurez bonheur et longue vie dans le pays dont vous allez prendre possession » (5,33). Et encore : « Vous ferez ce qui est juste aux yeux de Yahvé afin d'être heureux » (6,8).

On voit comment le bonheur de l'homme est lié à la conscience de la présence de Dieu. Si le peuple est fidèle à Yahvé, celui-ci l'aimera, le bénira, le multipliera, le comblera de toutes sortes de biens (*Deutéronome* 7,12-16). « C'est en observant la Loi que vous vivrez de longs jours sur la terre » (*Deutéronome* 32,47), c'est « alors que tu seras heureux dans tes entreprises et réussiras » (*Josué* 1,8). C'est un enseignement que les psaumes répètent de mille façons : « Yahvé te garde de tout mal, il garde ton âme » (*Psaume* 121,7). Mais si l'homme ne vit pas en présence de Dieu, s'il ne suit pas l'enseignement de Dieu, il se retrouve seul, il n'accède pas au salut. Si vous n'écoutez pas la voix, vous périrez (*Deutéronome* 8,11-20). Si l'homme se détourne de Dieu, celui-ci lui cache sa face (*Deutéronome* 32,20). Ceux qui ne croient pas en Dieu seront frappés d'effroi, sans cause d'effroi (*Psaume* 14,5 ; *Deutéronome* 28,67).

On pourrait exprimer cet enseignement de la façon suivante : la foi permet d'assumer l'inconnu, d'assumer notre destin, ce à quoi nous n'avons pas accès par la raison, ce que nous ne pouvons expliquer et qui pourtant est là, et dont nous dépendons.

Et cela est encore plus explicite dans le Nouveau Testament. L'attitude fondamentale du chrétien par rapport à l'Inconnu est celle de la confiance. Il faut faire confiance à Dieu qui a créé l'univers. Il faut s'abandonner à Celui qui, au-delà des apparences, s'occupe de nous : « Voyez les oiseaux du ciel, ils ne sèment ni ne moissonnent, mais le Père céleste les nourrit » (*Matthieu* 6,26). L'attitude de la foi chrétienne en est une de confiance inconditionnelle. Il n'est pas nécessaire de tout expliquer. Les êtres humains sont les enfants de Dieu ; il est leur Père. On n'est pas ici dans l'ordre du raisonnement, de l'argumentation. On est dans l'ordre de la vie. Le Christ dit : « Je suis la Voie, la Vérité, la Vie. Je suis la Lumière du monde. » La lumière ne se prouve pas. Elle ne se voit pas, mais elle rend tout visible.

On peut dire, d'une certaine manière, que la foi n'explique pas la réalité, mais enseigne la façon d'assumer la réalité, la façon de nous conduire en fidélité à ce qui est. Claudel l'exprime ainsi : « Les mystères s'expliquent moins par eux-mêmes qu'en expliquant tout le reste, comme une lampe s'explique moins par sa mèche que par sa lumière. » La lumière n'explique rien, elle fait voir la réalité. Il n'est pas nécessaire de comprendre la structure ou la composition de la lumière, il suffit de regarder.

C'est dans la foi que l'homme s'ouvre à l'inconnu, assume l'inconnu qui devient l'Inconnu. Sans la foi, l'homme se ferme à ce qui le dépasse, à l'Inconnu, et risque de le placer où il n'est pas, de faire des choses ou des objets des idoles. Il réduit le monde à une machine. La raison est instrumentalisée. Elle ne s'intéresse plus à l'Être, mais à ses propres performances.

Ces considérations valent pour tous les aspects de la vie humaine. Si l'on proscrit l'Inconnu, on risque de le remplacer par des produits de substitution, des idoles. Cela vaut dans l'ordre politique comme dans tout le reste, et cela devrait nous porter à considérer le laïcisme avec attention. Je reviendrai plus loin sur cette question, mais je note tout de suite que le laïcisme, ou du moins la laïcité, est un produit du christianisme, de la foi chrétienne. Il ne faut pas, au nom de la laïcité, mettre Dieu à la porte de la société, de la vie humaine. « Si Dieu n'est pas au-dessus du peuple, dit Jean Guitton, c'est le peuple qui devient Dieu. » Il ajoute même que si Dieu n'est pas au-dessus du peuple, « la liberté de penser autrement que l'opinion populaire devient identique au blasphème. Il n'y a plus alors ni démocratie, ni liberté, ni laïcisme[3]. »

Une idée très forte de l'Évangile, c'est que la foi est le levain qui fait lever la pâte. Sans la foi, l'existence humaine est terne, banale. Les grandes œuvres d'art sont construites sur l'enthousiasme, sur la quête d'un idéal souvent imprécis mais fascinant. Sans la foi, la gratuité se perd, ne semble valoir que ce qui est utile, l'homme risque de devenir une simple marchandise. Sans la foi, l'homme risque de ne pas s'ouvrir à ce qui est plus grand que lui, de perdre le sens même de son existence. « D'une certaine façon, dit le père de Lubac, nous n'affirmons Dieu que pour être plus assurés de l'existence des créatures[4]. » L'affirmation de Dieu fonde l'être humain, la culture.

---

3. Jean GUITTON, *Mon testament philosophique*, Paris, Presses de la Renaissance, 1997, p. 251.

4. Henri DE LUBAC, *Sur les chemins de Dieu*, Paris, Éditions Montaigne, 1956, p. 67.

Je comprends que la lumière soit tellement présente dans la Bible. Elle est peut-être la plus belle image de Dieu. On ne la voit pas, mais elle nous permet de voir les objets. Elle est l'image même de la transcendance et, en même temps, de l'immanence la plus radicale. J'emploie le mot image, mais je ne l'aime pas beaucoup. Peut-être faudrait-il parler de signe. Elle est la subtilité même. Elle est ce qui donne la vie. Elle est l'évidence même. On ne la voit pas, mais elle rend tout visible. Personne ne conteste son existence. Quand elle n'est pas là, le monde sombre dans l'obscurité, dans l'indistinct.

L'idée que Dieu sauve l'homme est présente dans l'Ancien Testament, dans les lettres de Paul, dans les évangiles. Yahvé rend justice aux opprimés, il donne aux enfants du pain, il délie les enchaînés, il fait voir les aveugles, etc. Dieu est le salut de l'homme (*Psaume* 118,146). Et pourtant, nous savons que les croyants sont victimes de la violence, de la persécution, de la faim, de la soif. La foi en Dieu n'annule pas la condition humaine. Elle permet de l'assumer. Elle lui donne un sens. Péguy fait dire à Dieu : « La foi que j'aime le mieux, c'est l'espérance. » Quand l'homme se replie sur lui-même, c'est le désespoir.

La foi est tellement essentielle à l'homme qu'elle est intégrée à la culture et à la civilisation. Ernest Renan, qui avait été croyant et avait perdu la foi, écrivait : « Au fond, je sens que ma vie est toujours gouvernée par une foi que je n'ai plus. La foi a cela de particulier que, disparue, elle agit encore[5]. » Et Goethe, un agnostique, disait qu'il ne croyait pas aux miracles de l'Évangile. C'étaient des légendes, mais des légendes inspiratrices et, dans ce sens, il fallait y croire. À propos de la scène où le Christ marche sur les eaux et où Pierre vient à sa rencontre, Goethe écrit : « C'est là une des plus belles légendes, et qui m'est chère plus que toutes les autres. La grande leçon qui en ressort, c'est que l'homme dans ses entreprises les plus difficiles triomphera par la foi et le courage, tandis qu'il sera perdu s'il se laisse aller au plus léger doute[6]. »

Ces affirmations de Renan et de Goethe montrent à quel point la foi est essentielle à l'homme : même s'il ne croit plus, il doit se comporter comme s'il croyait. L'être humain n'est pas fait pour lui-même. L'expérience la plus concrète le prouve. L'homme est un insatisfait. Il a beaucoup de difficulté à gérer cette insatisfaction. Il fait la guerre, il se suicide, il se perd dans toutes sortes d'activités frivoles, bruyantes, ou encore, il prie, il adore. Mais l'homme satisfait est perdu. « S'il veut se trouver lui-même, écrit de Lubac, l'homme doit viser plus haut que lui. » Et cela est vrai pour la communauté et pour l'humanité tout entière. « L'humanité ne peut trouver un équilibre, une paix... qu'en maintenant son regard au-dessus de son horizon terrestre. » L'homme ne vit pas seulement de pain. Cherchez

---

5. Ernest RENAN, *Souvenirs d'enfance et de jeunesse*, Paris, Calmann-Lévy, 1967, p. 21.

6. Johann W. VON GOETHE, *Conversations de Goethe avec Eckermann*, Paris, Gallimard, coll. « Du monde entier », 1988, p. 376.

avant tout le royaume de Dieu, le reste vous sera donné par surcroît. Mais si vous ne cherchez pas le royaume de Dieu, le reste vous sera refusé. De Lubac continue : « Il faut à l'homme un au-delà de l'homme, qui ne soit jamais résorbé ; il lui faut un au-delà qui reste toujours un au-delà. Car il ne peut se trouver sans se perdre[7]. »

7. Henri DE LUBAC, *Sur les chemins de Dieu*, p. 230.

5

Foi, culture et religion

Les mots «foi» et «religion» sont souvent pris l'un pour l'autre, et c'est bien à tort, me semble-t-il, car ils ne désignent pas la même chose. On parle de la «religion chrétienne», des «religions orientales», de la «religion de la science». Jean-Claude Guillebaud parle d'une «*religion civile* américaine, essentiellement politique ou nationaliste et qui, aujourd'hui, paraît s'enivrer d'elle-même, c'est-à-dire de sa propre immanence[1]». Et on dit que les grandes célébrations sportives constituent la nouvelle religion populaire, avec les manifestations publicitaires, dont elles sont inséparables.

Dans son sens le plus noble, le mot «religion» exprime la relation de l'être humain à la Divinité, à ce qui le dépasse, à la Puissance inhérente à l'univers. Je serais assez de l'avis de Joachim Woch, selon qui la religion est «l'expérience du

---

1. Jean-Claude GUILLEBAUD, *La Force de conviction*, Paris, Seuil, 2005, p. 14.

sacré[2] ». J'aime beaucoup aussi la définition de Paul Tillich : « La religion n'est pas une fonction spéciale de la vie spirituelle de l'homme, mais [elle] constitue la dimension en profondeur de toutes ses fonctions[3]. » On peut parler d'« instinct religieux », par opposition à des comportements automatiques ou mécaniques, de la mentalité religieuse par opposition à l'esprit rationaliste. La religion est une réalité complexe qui se situe bien souvent aux frontières du conscient et de l'inconscient, du rationnel et de l'irrationnel. Elle relève de la grandeur de l'expérience humaine, mais elle peut aussi engendrer toutes sortes d'excès allant de la crédulité au fanatisme, de la religiosité à l'intolérance.

On confond bien souvent la foi et la religion, et cela se comprend dans un contexte chrétien ou judéo-chrétien, car la foi et la religion sont intimement liées l'une à l'autre dans cette tradition. Mais il est important de bien distinguer ces deux réalités. La religion, comme telle, émane de la conscience et même de l'inconscient, alors que la foi est l'adhésion à une parole, à une révélation, à une personne, le Christ, dans le cas de la foi chrétienne.

L'épisode de la vocation de Samuel est, à ce point de vue, très révélateur. Le jeune homme est couché, sur le point de s'endormir ; il entend une voix qui l'appelle. Croyant que c'est Éli, il court à lui et lui demande pourquoi il l'a appelé. « Je ne t'ai pas appelé, dit Éli, retourne te

---

2. Joachim WOCH, *Sociologie de la religion*, Paris, Payot, 1955, p. 17.

3. Paul TILLICH, *Théologie de la culture*, traduit de l'anglais par Jean-Paul Gabus et Jean-Marc Saint, Paris, Denoël/Gonthier, 1972, p. 14.

coucher. » L'appel se répète. La troisième fois, Éli comprend que c'est Yahvé qui s'adresse à Samuel. Quand Yahvé appelle de nouveau, Samuel répond : « Parle, Seigneur, ton serviteur écoute. » Yahvé lui révèle ce qui arrivera à Éli et au peuple de Dieu (*1 Samuel* 3,1-21). On le voit, la démarche de foi de Samuel n'émane pas de la conscience ou de l'inconscient, elle est la réponse à un appel, à une révélation à laquelle il ne s'attendait pas. Qu'on pense à la révélation de Dieu à Moïse sur le mont Sinaï. Qu'on pense aux prophètes, qui sont appelés par Dieu et qui prononcent les paroles que Dieu leur demande de prononcer et qu'ils ne comprennent parfois même pas. De même, la foi chrétienne n'émane pas du psychisme ou de l'inconscient ou de l'angoisse existentielle, elle est l'accueil de la parole du Christ. Elle n'est pas un produit de l'instinct religieux de l'homme, mais elle l'assume, on pourrait même dire qu'elle l'évangélise. En un sens, le christianisme n'est pas une religion, il est même le contraire. Il sauve l'homme de la religion. Je ne sais si dans la Bible il est question de religion. Dans la « Table analytique des notes les plus importantes » de la Bible de Jérusalem, on trouve les mots foi, royaume de Dieu, sainteté, prophètes, etc., mais pas le mot religion. Marcel Gauchet affirme que le christianisme est « la religion de la sortie de la religion[4] ». C'est dans cette perspective qu'il faut comprendre Charles Dubos lorsqu'il affirmait que « plus il était croyant, moins il était religieux[5] ».

---

4. Marcel GAUCHET, *Le Désenchantement du monde. Une histoire politique de la religion*, Paris, Gallimard, 1985, « Présentation », p. 11.

5. Charles DUBOS, *Journal 1920-1925*, Paris, Buchet Chastel, 2003, p. 672.

La foi chrétienne est la réponse de l'être humain à Dieu qui se révèle dans le Christ. Dans son très beau livre *Une nouvelle vision de la réalité,* voici comment Bede Griffiths décrit l'essentiel de la foi chrétienne : « La divinité ineffable, la seule réalité absolue, s'est révélée sous la forme d'un personnage historique, Jésus de Nazareth, à une époque précise, en un lieu précis[6]. » Ainsi, la foi chrétienne n'est pas le résultat d'une transformation de la conscience, l'effet d'une conquête ascétique. Elle n'est pas une adhésion à une idéologie ou à une doctrine. Elle est la reconnaissance d'un fait, la manifestation de la Divinité en Jésus, l'adhésion à sa Parole qui est le Verbe même de Dieu. L'objet de la foi, c'est Jésus, Fils de Dieu, mort et ressuscité. C'est pourquoi saint Paul affirme : « Si Jésus n'est pas ressuscité, votre foi est vaine. »

Il est difficile de parler de la foi, d'en analyser le contenu. Difficile et facile en même temps. La foi chrétienne, c'est reconnaître que Dieu s'est révélé en Jésus, c'est accepter sa parole. On peut ensuite considérer son enseignement, l'accueillir sans nécessairement tout comprendre. En effet, si la foi est un acte d'intelligence, elle est aussi un acte de confiance, une démarche de tout l'être qui s'en remet à Celui qui est un homme, un homme spécial, et plus qu'un homme. Ma relation à Jésus-Christ est de l'ordre de la relation à tout être humain, une relation aux implications

---

6. Bede GRIFFITHS, *Une nouvelle vision de la réalité. L'influence de l'Orient sur notre monde*, traduit de l'anglais par Marie-Luce Constant, Montréal, Le Jour, 1996, p. 147.

innombrables, non formulées et non formulables, parce que toute personne est au-delà des concepts, des raisons et des explications; dans le cas de la foi, ma relation à Jésus s'ouvre sur des perspectives ineffables. On peut expliquer une idée, un système, une théorie. On n'explique pas une personne. Encore moins si cette personne est divine.

La foi chrétienne est donc l'accueil de cet homme en qui je reconnais plus qu'un homme et qui révèle la vérité sur l'être humain, sur Dieu, sur la création. Cet homme nous apprend que Dieu, son Père, est aussi notre Père. Et c'est pourquoi il y a une seule règle, un seul commandement: l'amour de Dieu et du prochain. Ainsi donc, le néant n'est pas le fond des choses. Nous ne sommes pas faits pour le mal, pour la haine, pour le malheur. La vérité, c'est que le royaume de Dieu est parmi nous, au milieu de nous, en nous. Jésus ne nous demande pas de comprendre, mais d'aimer, de pardonner, d'accueillir l'amour de Dieu qui est infini, inépuisable. Les saints l'ont compris, et cela leur a permis d'endurer les pires souffrances sans perdre la joie. Et c'est cela, le salut, le salut par la foi, dans la foi. La vie chrétienne est ouverte sur Dieu. La foi rend l'homme libre par rapport à tout le reste. Rendre à Dieu ce qui est à Dieu, à César ce qui est à César. À Dieu, un culte intérieur total, inconditionnel. À César, à la société, ce qui lui revient. Il n'y a plus ni homme ni femme, ni maître ni serviteur, ni juif ni Gentil (*Galates* 3,28). En d'autres mots, nous sommes enfants de Dieu et par rapport à cela, rien en un sens ne porte à conséquence. L'homme est dans la société, dans l'histoire, mais c'est dans sa relation à Dieu qu'il reconnaît sa véritable identité, et c'est cette relation à Dieu qui fonde sa présence dans la société, auprès des autres qui eux aussi sont ouverts sur Dieu. La foi donne à l'homme une liberté radicale, car en elle, Dieu seul est Dieu. D'une certaine façon, le croyant est libre par rapport à tout ce qui n'est pas Dieu.

Quand on lit les lettres de Paul, on a l'impression que le signe premier du salut, c'est la liberté, liberté par rapport à la loi, aux institutions. En effet, pour le croyant, Dieu seul est Dieu, il n'est lié que par rapport à lui, et c'est cette relation à Dieu qui fonde sa relation aux autres, au monde, à la société. Les hommes ont tendance à mettre des dieux partout, à s'inventer des idoles qu'ils servent avec une ferveur infinie. La foi engage par rapport à Dieu, mais libère par rapport à tout le reste. C'est ce que signifie saint Paul en affirmant qu'il faut user de ce monde comme n'en usant pas, en opposant «l'homme psychique», celui qui n'a pas la foi, qui n'a pas l'Esprit de Dieu, à «l'homme spirituel», qui a l'Esprit de Dieu et «juge de tout et ne relève lui-même du jugement de personne» (*1 Corinthiens* 2,14-15). Saint Paul décrit ici des dispositions profondes qui ne dispensent évidemment pas de la prudence et du jugement pratique dans les situations concrètes de l'existence. Tout de suite après avoir rappelé aux Galates la liberté du croyant, il leur demande de se mettre au service les uns des autres (*Galates* 5,13).

◆

La foi chrétienne a maintenant vingt siècles d'histoire. Depuis vingt siècles, la Bonne Nouvelle de la venue du Fils de Dieu parmi nous s'est insinuée dans l'histoire. Elle est désormais inséparable de la vie spirituelle de l'Occident et même de celle de l'Orient. À l'époque de saint Augustin, on accusait le christianisme d'avoir fait disparaître les religions païennes, les mythologies grecques et romaines; en un sens, on avait raison, même si, pour saint Augustin, à cause de leurs mœurs corrompues, les Romains étaient eux-mêmes responsables de leur propre décadence. Toutefois, il me semble évident que le «christianisme» a supplanté le paganisme. Je mets le mot «christianisme» entre guillemets parce que, d'une certaine façon, la foi chrétienne est aujourd'hui appelée à remplacer «le christianisme». Nous verrons dans quel sens.

Pour les premiers chrétiens, qui connaissaient l'Ancien Testament, le monde était créé par Dieu. Il était l'œuvre de Dieu. Ils avaient lu ou entendu les prophètes, les psaumes qui célèbrent la présence de Dieu dans sa création. Mais avec l'avènement du Christ, Dieu était présent d'une façon nouvelle dans l'être humain, dans la société, dans l'histoire, et c'était la conception même de l'homme qui était changée, puisqu'il était appelé à participer d'une manière nouvelle à la vie même de Dieu, Dieu étant associé plus intimement à la condition humaine. Dieu avait vécu parmi nous, Jésus était mort et ressuscité, et tout cela concernait l'être humain, tout cela l'associait à la vie même de Dieu. Les premiers chrétiens accueillaient cette

Bonne Nouvelle et vivaient en conséquence. Et peu à peu est apparue une manière nouvelle de se conduire, de penser, de prier. Le mot « chrétien » traduisait cette réalité. Les disciples de Jésus étaient des « chrétiens », c'est-à-dire qu'ils croyaient en Jésus-Christ et suivaient son enseignement. Cela engendrait progressivement une nouvelle manière de penser, de se conduire, de vivre en société, de se voir et de se penser dans le monde. Peu à peu est apparue une nouvelle culture, la « culture chrétienne », ou *une* culture chrétienne, ou ce qu'on pourrait appeler le « christianisme ». L'enseignement de la Bonne Nouvelle s'est transmis, la communauté s'est organisée, il a fallu distribuer les responsabilités, organiser des lieux de réunions, etc. La foi chrétienne comme telle n'imposait que très peu de directives concrètes, mais c'est dans le vécu quotidien, au cœur de la vie personnelle et de la vie en société qu'il fallait inventer de nouvelles formes de rencontres et de communications qui, peu à peu, ont provoqué l'apparition d'une nouvelle culture, la culture chrétienne.

Les chrétiens, en vivant tant bien que mal leur foi chrétienne, ont ainsi inventé un type de civilisation qu'on a appelée la chrétienté, c'est-à-dire une société dans laquelle les institutions religieuses coïncident à peu près avec les institutions civiles, comme c'était le cas en France au Moyen Âge ou au Québec avant la Révolution tranquille. Mais on peut avoir et vivre la foi chrétienne sans être dans ce type de société. La théologie scolastique est un monument intellectuel fantastique, mais on peut être un chrétien sans adopter la théologie scolastique. Cette dernière représente une partie de la culture d'une époque. De même, on pourrait parler de l'art roman, de l'art gothique ou de tant d'autres grandes réalités culturelles qui sont issues d'une expérience historique de la foi. Il en va ainsi des institutions que la communauté des croyants peut inventer. L'Évangile n'indique que très peu d'institutions directement liées au contenu de la foi. C'est en vivant la foi que la communauté chrétienne invente ses institutions et les remplace quand elles sont devenues caduques. C'est en ce sens qu'il faut interpréter, il me semble, les paroles du Christ : « Il ne faut pas mettre le vin nouveau dans de vieilles outres », « on ne coud pas une pièce neuve à un vieux vêtement », « laissez les morts enterrer leurs morts », etc. Même la formulation dogmatique est une expression culturelle de la foi. Si le contenu du dogme ne change pas, dans le sens qu'il exprime une réalité qui est au-dessus du temps, la formulation du dogme, elle, est reliée à une culture, à une époque.

Ces considérations ne visent pas à discréditer la culture ni la religion, mais à les situer par rapport à la foi. Marx affirmait que la religion était « l'opium du peuple ». Il avait peut-être raison, en un sens, mais il ne faut pas confondre cette religion avec la foi. Feuerbach, dans *L'Essence du christianisme*, écrit que l'angoisse devant la mort est à l'origine de la religion et donc, pour lui, au principe de la « religion » chrétienne. Mais il faudrait au moins tenir compte du fait que la foi chrétienne ne se présente pas comme le prétend

Feuerbach. Il faudrait expliquer la foi de saint Paul, des apôtres, des prophètes, etc. La foi chrétienne n'est pas ce que pense Feuerbach. Elle est l'acceptation de la Bonne Nouvelle. Le Message est accepté parce que c'est Dieu qui parle. Oui, la foi apaise l'angoisse face à la mort, mais cet apaisement n'est pas la cause de la foi, il en est l'effet. La foi n'est pas le fruit de l'angoisse. Elle n'arrive pas non plus au terme d'une argumentation. Elle est accueil de l'Être qui se révèle, accueil d'une révélation. En réalité, la foi fait davantage penser à l'art qu'à la religion. Platon parle du dieu qui se manifeste dans le poète. L'inspiration est une réalité bien connue en littérature. L'essayiste Vadeboncoeur emploie le mot « apparition » pour exprimer le phénomène de l'art. Dans la production de l'œuvre artistique, l'Être se manifeste, apparaît, sans que l'artiste sache trop ce qui se passe, débordé par ce qui arrive. L'artiste est un peu comme l'enfant qui accueille l'Être. Il ne cherche pas, il trouve. C'est peut-être le sens de cette parole de l'Évangile : le royaume des cieux est à ceux qui ressemblent aux enfants. Il y a dans la foi une confiance en l'Être, un accueil incon-ditionnel de l'Être qui fonde la liberté. Peut-être devrait-on dire un investissement de l'être humain par l'Être qui assume sa contingence.

Romano Guardini écrit : « Le christianisme n'est pas, en dernière analyse, une doctrine de la vérité ou une interpré-tation de la vie. Il est cela aussi ; mais là n'est point le cœur de son être. Ce dernier est formé par Jésus de Nazareth, par son existence concrète, son œuvre, sa destinée et donc par un personnage historique[7]. » Ce que Guardini appelle ici le « christianisme » est en réalité la foi chrétienne. Il est important de ne pas confondre les deux. Le mot « christianisme » évoque l'idée de doctrine, la réalité globale de la vie, de la pensée, des institutions chrétiennes. Mais la foi chrétienne est l'acte d'accueil de Dieu en Jésus-Christ. Elle n'est donc pas à assimiler au sentiment religieux inhérent à tout être humain, ni à la culture chrétienne, ni à la civilisation chrétienne. Mais la foi chrétienne assume le sentiment religieux, elle inspire et génère toutes sortes d'expressions culturelles et spirituelles. Elle ne se laisse pas enfermer dans les œuvres qu'elle engendre. Elle regarde toujours dans la même direction.

C'est la confusion entre la foi et la culture qui engendre l'intégrisme et le conservatisme. Ces phénomènes encombrent la foi de la culture. Dans cette optique, la foi n'est pas une libération mais un fardeau. Les intégristes et les conservateurs ne comprennent pas que la foi libère de tout ce qui n'est pas Dieu. Le croyant respecte les êtres qui sont l'œuvre de Dieu, mais il ne les traite pas comme Dieu. Pour le croyant, Dieu seul est Dieu. On pourrait même dire que toute la foi tient dans cette formule.

---

7. *L'essence du christianisme*, Paris, Éditions Alsatia, 1948, p. 13. Cité par Normand PROVENCHER, *Dieu! Réponse à Albert Jacquard*, Ottawa, Novalis, 2003, p. 83.

Ces réflexions m'amènent à formuler quelques considérations qui n'ont rien de définitif, mais qui peuvent peut-être aider à situer l'expérience spirituelle aujourd'hui.

- La religion peut être étouffante, astreignante. Elle peut enfermer l'homme dans la bigoterie, le fanatisme, la crédulité, la superstition. Je parle de l'instinct religieux, de l'attitude de l'être humain à l'égard du mystère, de ce qui le dépasse. La foi sauve l'homme de la religion, elle le tourne vers Dieu. Ce faisant, c'est la religion qu'elle libère, qu'elle sauve. Dans une perspective chrétienne, on pourrait dire que la religion a sans cesse besoin d'être évangélisée.

- Il faut bien distinguer foi, religion, culture et spiritualité. On peut être de culture chrétienne sans avoir la foi. L'Occident se meut dans la culture chrétienne, mais les Occidentaux de culture chrétienne n'ont pas nécessairement la foi. Ce qu'on appelle christianisme, c'est le produit de l'expérience de la foi de millions et de millions de croyants, de l'Église, du clergé, etc. C'est tout cet amalgame de civilisation qui est le produit de la vie sociale, culturelle, religieuse de millions de chrétiens, de croyants.

- La science et la foi ne s'opposent pas. La science, c'est la connaissance des lois qui régissent l'univers. La foi, c'est l'acte par lequel on s'en remet à l'Être, à Dieu. Il y a conflit entre la foi et la science quand l'une des deux dérape.

- Au Québec, nous avons élaboré un type de culture chrétienne particulier du fait de notre situation de peuple conquis et dominé. Pendant deux siècles, la religion chrétienne a été en quelque sorte le château fort de toutes les valeurs nationales. Au moment où, à la Révolution tranquille, le Québec a décidé de se prendre en main, il a dû sortir du type de culture chrétienne qui lui avait servi de refuge, pour se comporter de façon autonome. Mais cette libération s'est faite dans l'ambiguïté, et on a l'impression que le Québécois ne s'est pas seulement libéré des contraintes historiques mais a renoncé à sa propre identité culturelle, ce qui a provoqué un profond désarroi. Les conséquences sont désastreuses non seulement pour la foi et pour la religion, mais pour la culture elle-même. J'y reviendrai.

■ Qu'ils le veuillent ou non, qu'ils soient croyants ou non, la plupart des Québécois sont de culture chrétienne, catholique. S'ils ne reconnaissent pas cette réalité, ils risquent de se perdre dans l'informe. La religion chrétienne engendre la culture chrétienne, et la religion chrétienne est elle-même le fruit de la foi chrétienne, le ferment dans la pâte.

■ Dans cette perspective, la spiritualité chrétienne apparaît comme l'esprit dans lequel vit celui et celle qui croient que le royaume de Dieu est parmi nous, que le salut est arrivé, que nous sommes enfants de Dieu et que, d'une certaine façon, nous sommes libres par rapport à tout le reste. C'est l'esprit de saint Paul et de saint Jean. C'est surtout l'Esprit de Jésus, que nous devons accueillir dans la joie.

6

Feu la chrétienté

Dans le chapitre précédent, j'ai essayé de préciser le sens
des mots «foi», «religion», «culture», «christianisme», etc.
Ces distinctions sont importantes; ne pas les faire, c'est
risquer de se perdre dans la confusion. Je lisais récemment
le livre *Sur la voie de l'éveil*. Son auteur, le dalaï-lama,
affirme que le bouddhisme n'est pas une religion, que les
bouddhistes ne croient pas en Dieu; pourtant, il parle de
la foi, de la religion. Difficile de démêler tout cela!

Dans la tradition chrétienne, il est clair que la foi ne se
limite pas à cet instinct religieux qu'on retrouve chez
tous les humains. La foi est une réponse à l'initiative de
Dieu qui se révèle. Je voudrais décrire ici comment, après
deux mille ans d'histoire, la foi chrétienne se situe par
rapport à la culture chrétienne, par rapport au christianisme. Je ne suis pas historien. Je ferai un survol rapide de
ces vingt siècles pour tenter de comprendre comment,
comme croyants, nous nous situons aujourd'hui dans le
monde.

Après la mort du Christ, ses disciples et ses apôtres assimilent son enseignement, s'organisent en communautés de croyants, structurent leur vie en conformité à ce qui leur a été enseigné. Peu à peu se développe une manière de vivre chrétienne. À tel point qu'on reconnaît les disciples de Jésus à leur mentalité, à leur façon de vivre, de se comporter. C'est à Antioche, semble-t-il, que pour la première fois on parle de «chrétiens» (*Actes* 11,26). Déjà, on voit que la pratique de la foi engendre une manière de vivre, de se comporter, une culture devrait-on dire. Notons également qu'on retrouve dans les écrits de saint Paul, la proclamation de la foi, mais déjà aussi une formulation théologique et un enseignement moral qui expriment l'apparition d'une théologie chrétienne, d'une forme de culture chrétienne. Peu à peu, l'institution ecclésiale prend forme pour assurer la transmission de la foi. Les épîtres de saint Paul et les *Actes des apôtres* offrent une description éloquente de ces commencements. On y voit comment les premiers chrétiens pratiquent le partage des biens, comment ils se comportent par rapport à la Loi de Moïse, à l'égard des Gentils. Les lettres de saint Paul contiennent une foule d'enseignements sur le mariage, la vie sociale, la pratique religieuse. Une nouvelle culture est en train d'apparaître, dans le rayonnement de la foi, une culture qu'on peut déjà appeler chrétienne. Cette culture est en continuité avec la culture judaïque, mais elle s'en distingue progressivement, ne serait-ce que par l'attitude des premiers chrétiens par rapport à la Loi hébraïque et aux Gentils. Et il faut remarquer que cette vie chrétienne ne s'impose pas par les armes et la confrontation, mais par la prédication et par l'exemple, bien souvent malgré de fortes oppositions et la persécution.

C'est ainsi que *pacifiquement,* la foi chrétienne se répand dans tout l'Empire romain, entraînant avec elle une nouvelle culture, une nouvelle manière de vivre et de penser, ce qu'on appelle le christianisme antique. Je souligne le mot *pacifiquement,* parce que l'on affirme si facilement et inconsidérément de nos jours que les religions et la foi sont tout naturellement génératrices de guerres et de violences. Pendant les trois premiers siècles de notre ère, les chrétiens vivent pour une part dans la clandestinité, mais leur influence, sans recours à la violence, n'en est pas moins grande.

Au début du ${\rm IV}^e$ siècle, l'empereur Constantin se convertit au christianisme, proclame la religion chrétienne religion d'État, et fonde Constantinople. Commence alors une nouvelle époque, celle de ce qu'on a appelé la chrétienté. La société s'inspire de la tradition chrétienne, les institutions chrétiennes se confondent plus ou moins avec les institutions civiles. La chrétienté se développe en Europe et au Moyen-Orient. Elle durera, selon certains, jusqu'à la Renaissance, pour d'autres, jusqu'à la Révolution française.

À partir du ${\rm IV}^e$ siècle, donc, le christianisme devient la religion officielle de l'Empire romain et d'une partie du Moyen-Orient et de l'Afrique du Nord. Cela ne signifie pas que tous ces peuples vivent à la hauteur de la foi chrétienne, mais le christianisme est la nouvelle religion qui enveloppe et inspire la société et qui se répand même chez les peuples barbares. Aux ${\rm V}^e$ et ${\rm VI}^e$ siècles, ces derniers envahissent la chrétienté et, peu à peu, se convertissent au christianisme. Au VIIe siècle, l'islam fait son apparition et très tôt menace la chrétienté. L'expansion de l'islam est très rapide et ne se fait pas par la prédication, mais par les armes. Mahomet est un chef religieux et un chef de guerre. Dès le VIIe siècle, l'islam occupe une partie de l'Afrique du Nord et s'attaque à Constantinople, qui résistera jusqu'en 1453. Au VIIIe siècle, l'Espagne est envahie et les musulmans seront arrêtés par les Francs, à Poitiers, en 732. Plus tard, au XIe siècle, les musulmans envahissent la Palestine et prennent Jérusalem. C'est ce qui déclenchera les Croisades. En 1571, les musulmans sont aux portes de Vienne. Don Juan les défait à Lépante, sauvant ainsi la chrétienté. On peut dire que celle-ci durera jusqu'à la Révolution française.

La chrétienté a donc caractérisé l'Occident pendant plus de mille ans. Cette forme de civilisation ou de culture chrétienne a produit des fruits remarquables. La chrétienté, c'est la patristique, la scolastique, la vie monastique, le plain-chant, le chant grégorien, l'art roman, l'art gothique, l'art byzantin, le baroque, les hôpitaux, les universités, les écoles, les collèges, les chansons de geste, le roman courtois. C'est la Renaissance, le classicisme. C'est saint Augustin, saint Jérôme, sainte Thérèse d'Avila, saint François d'Assise, saint Ignace, Dante, Pascal, Bossuet… C'est Notre-Dame de Paris, Chartres, Amiens, Reims. C'est…

La chrétienté est un moment de la civilisation chrétienne, un produit de la foi chrétienne. La foi est éternelle, elle ne passe pas ; la chrétienté, elle, est de l'ordre de la culture, de la civilisation. Elle est temporaire.

Depuis le xviiie siècle, l'Occident se situe dans une démarche de postchrétienté. On passe à autre chose. Il ne s'agit pas de rafistoler de vieilles institutions, mais de réinventer une nouvelle culture. On ne met pas le vin nouveau dans de vieilles outres, on ne coud pas une pièce neuve à un vieux vêtement. Il faut laisser le levain lever dans la pâte nouvelle.

La tâche capitale de la pensée, à l'époque où nous vivons, consiste à rendre compte de ce qui se passe. La fin de la chrétienté marque-t-elle la fin d'une certaine forme de vie chrétienne ? Ou bien est-ce plutôt la fin de la foi chrétienne elle-même, comme on le pensait au xviiie siècle ? Pour les philosophes, l'époque de la foi est terminée. La raison remplace la foi. L'humanité sort de la grande noirceur. S'instaure alors un procès du christianisme, de la chrétienté, un procès dont nous ne sommes pas encore sortis. La société actuelle vit une relation ambiguë à son passé chrétien, une ambiguïté faite de refus, de culpabilité, de préjugés. Quelque chose qui ressemble à une crise d'adolescence. La société ne peut s'affirmer qu'en rejetant ce qui l'a enfantée. Et comme elle ne peut automatiquement remplacer l'expérience structurée de la chrétienté par une autre, elle se retrouve en plein désarroi. C'est, me semble-t-il, ce qu'exprime Yvon Rivard quand il écrit : « L'absurde est une myopie héritée du siècle des Lumières[1]. »

---

1. Yvon RIVARD, *Le bout cassé de tous les chemins*, Montréal, Boréal, 1993, p. 83.

❖

Il faut d'abord reconnaître qu'au xviiie siècle, la chrétienté, dans le sens où nous l'avons définie, avait fait son temps. Quand on considère l'histoire, on peut observer qu'à certaines périodes, il se produit ce qu'on pourrait appeler une débâcle de la civilisation. À un moment donné, tout se déplace irrésistiblement dans une même direction, comme les glaces sur le fleuve au dégel du printemps. La poussée est irrésistible. Rien à faire. Sinon attendre que la bourrasque s'apaise et que s'installe un nouvel ordre.

La révolution déclenchée au xviiie siècle était nécessaire, inévitable. Dans *Fragments d'une enfance,* Jean Éthier-Blais parle du xviiie siècle comme d'un «sommet de bêtise et de prétention». On ne peut nier que ce siècle ait cédé à des emballements plus que disgracieux, mais sa démarche de base était légitime. Le moment était venu, dans la société occidentale, de se situer par rapport à l'héritage d'une histoire plus que millénaire. Cette nécessaire démarche d'évaluation, qui aurait dû se déployer sous forme d'un débat de civilisation, a malheureusement pris l'allure d'un procès dont les séquelles se prolongent jusqu'à notre époque.

Il est toujours problématique de se situer par rapport au passé. Au Moyen Âge, il semble bien qu'on n'ait ni idéalisé ni dénigré le passé. À la Renaissance, même si on entretenait une grande vénération pour l'Antiquité, on n'en aimait pas moins le présent. Le siècle classique se percevait sans doute comme un sommet de la culture et de la civilisation. Au XIXe siècle, on conservait un culte pour l'Antiquité, tout en considérant la chrétienté avec beaucoup d'acrimonie. C'est tout le problème de la considération de l'histoire. Dès qu'on raconte l'histoire, on l'interprète. Existe toujours le danger de projeter sur une époque révolue ses préjugés, ses schèmes culturels. L'historien latin Suétone, parlant de l'origine de l'Empereur Vitellius, affirmait qu'il y avait contradiction formelle entre les sources, les unes prétendant qu'il était d'origine ancienne et illustre, d'autres qu'il était d'origine récente et obscure, ou même abjecte. Pour Suétone, ces interprétations divergentes s'expliqueraient par le désir d'aduler l'empereur chez les uns et le désir de le dénigrer chez les autres[2].

Le débat de la civilisation qui secoue l'Europe au XVIIIe siècle porte principalement sur la chrétienté millénaire. On en récuse les institutions, la culture, la mentalité, au nom d'une philosophie nouvelle, au nom de la raison qui doit maintenant remplacer la foi. On veut de même libérer l'État de la tutelle de l'Église et instaurer la démocratie. Ce débat se fait souvent dans la confusion et la passion, et cela se comprend facilement, car c'est seulement lorsqu'une crise arrive à son dénouement qu'on en saisit exactement le sens. Malheureusement, le débat ne s'essouffle pas, il est au cœur de la modernité, et il prend de plus en plus, comme je le disais, l'allure d'un procès

---

2. SUÉTONE, *Les Douze Césars*, Livre VII, chap. 1.

dont les médias nous rapportent tous les jours les actes odieux.

C'est ainsi qu'on évoque bien souvent le conflit entre Bruno et l'Église, entre Galilée et l'Église au XVIᵉ siècle, pour en dresser une charge contre la foi et contre l'Église. Or le conflit entre Bruno, Galilée et l'Église n'était pas un conflit entre la science et la foi, entre la science et l'Église, mais un conflit à l'intérieur de l'institution religieuse. Galilée et Bruno étaient croyants. Ils étaient de l'Église. En eux, pas de conflit entre science et foi ; les deux cohabitaient. Le conflit se situait plutôt entre la foi et ce que j'appelle la culture chrétienne de l'époque. Galilée ne condamnait pas la foi, mais la culture chrétienne de l'époque, une certaine lecture stéréotypée de la Bible. C'est dans une vue très cléricale de l'Église que l'on fait de ce conflit un conflit entre l'Église et la science. Cet épisode illustre très bien la difficulté et en même temps la nécessité de distinguer foi et culture chrétienne, foi et institution. Est-il plus convenable de parler de conflit « entre le scientifique et la religion[3] », comme le fait Jean-Claude Guillebaud ? Peut-être bien, si, comme je tente de le faire, on reconnaît la distinction entre foi et religion.

Un autre grief qu'on souligne régulièrement, c'est la violence dont seraient coupables la religion et l'Église elle-même. Certains parlent même du totalitarisme de l'Église. Or, comme disait Malraux, les États totalitaires ont leurs

---

3. Jean-Claude Guillebaud, *Comment je suis redevenu chrétien*, Paris, Albin Michel, 2007, p. 92.

goulags, leurs camps de concentration, leurs prisons. Où sont les camps de concentration et les goulags de l'Église ?

En ce qui concerne les religions comme génératrices de violence, il faut se garder des explications trop faciles, souvent dictées par des préjugés têtus et étroits. René Girard explique magistralement que si les hommes cèdent à la violence, ce n'est pas parce qu'ils sont trop religieux, mais parce qu'ils ne le sont pas assez. Comme il l'affirme dans *La Violence et le sacré*, le rôle du religieux consiste à maintenir la violence hors de la communauté. Bien des gens sont scandalisés par la violence étalée dans les récits de l'Ancien Testament et y voient la preuve que la religion alimente la violence. Or, la Bible ne raconte pas comment Dieu s'est plu à faire violence aux hommes, mais comment il a éduqué les hommes et les a peu à peu amenés à dominer l'instinct de violence qui est en eux. Le serviteur souffrant d'Isaïe ne cède pas à la violence, il la subit et la surmonte en la rendant productive. Le Christ accomplit les Écritures. Il condamne la violence, il ne lui cède pas, il la subit et ressuscite.

L'Évangile est au principe même de la chrétienté. Cela ne signifie pas que tous les hommes de la chrétienté vivent conformément à l'Évangile. Le Christ n'est pas un souverain temporel. Il refuse que ses fidèles recourent aux armes. Mais quand la chrétienté devient une société temporelle, elle doit exercer le pouvoir et recourir à la force. La chrétienté ne coïncide pas avec le royaume de Dieu annoncé par Jésus. Elle est une étape dans le développement de l'histoire du salut. La chrétienté est faite de saints et de pécheurs. Quand elle cède à la violence, elle n'est pas fidèle à l'esprit de son Fondateur. La conquête et la domination par les armes sont au contraire légitimées par l'islam. L'expansion si rapide de l'islam dans les années qui suivent sa fondation est le résultat de conquêtes militaires. Salah Stétié écrit : « L'Islam naissant ne pouvait survivre et se développer que par la guerre : il avait besoin de celle-ci pour étendre sa domination spirituelle là où la persuasion n'avait pas donné le résultat escompté[4]. » Les vaincus étaient réduits en esclavage, à moins qu'ils se convertissent à l'islam pour être aussitôt libérés[5]. Ce qui explique, affirme Stétié, la multiplication rapide du nombre de musulmans.

Je ne suis pas historien, comme je l'ai dit, mais je ne peux souscrire à certains jugements catégoriques sur le passé de la chrétienté, où l'on dit du même souffle que l'islam aurait été beaucoup plus tolérant. Qu'on lise, par exemple, *L'Espagne musulmane* d'André Clot, pour voir comment l'islam a envahi le pays qui était plus ou moins christianisé et l'a soumis à ses lois. Du même auteur, on découvrira la puissance et la domination de l'Empire ottoman au XVIᵉ siècle dans *Soliman le Magnifique*, qui menace la chrétienté de toutes parts. Je ne nie pas l'apport de l'islam à la culture, mais ce qui pour moi est inacceptable dans l'islam, c'est qu'il semble indissociable de la guerre et de la violence, c'est qu'il confonde la religion et le politique,

---

4. Salah Stétié, *Mahomet*, Paris, Albin Michel, 2001, p. 143.
5. *Ibid.*, p. 182.

c'est que ses chefs religieux soient directement associés au pouvoir politique. Mahomet est un chef de guerre. Le terrorisme a des fondements dans le Coran. Jésus n'est pas un chef de guerre. Il n'est pas un Messie temporel. Il refuse qu'on le reconnaisse comme roi. « Mon royaume n'est pas de ce monde », dit-il. Par la suite, il arrivera que des gens qui se disent chrétiens usent de la violence et de la force, mais ils ne seront pas en cela fidèles au christianisme. Les hommes politiques essaient de s'imposer à l'Église. Au Moyen Âge, ils arrivent à nommer des évêques et même des papes qu'ils utilisent à leurs fins, trahissant alors l'esprit de l'Évangile. Aujourd'hui, quand George W. Bush se présente comme le défenseur de la civilisation chrétienne pour faire la guerre en Irak, il doit être dénoncé comme quelqu'un qui se pare des vêtements chrétiens mais qui trahit l'esprit chrétien. Gregory Baum écrit : « Parmi les Églises qui ont exprimé leur désaccord au président Bush, mentionnons l'Église catholique, l'Église épiscopalienne, l'Église unie méthodiste, l'Église unie du Christ, l'Église luthérienne évangéliste, l'Église presbytérienne, les Disciples du Christ et l'Église orthodoxe[6]. » C'est « Le Dialogue d'Assise pour la paix » qu'il faudrait citer ici. Jean-Paul II y déclarait : « Nous nous engageons à proclamer notre ferme conviction que la violence et le terrorisme s'opposent au véritable esprit religieux et, en condamnant tout recours à la violence et à la guerre au nom de Dieu et de la religion,

---

6. Gregory Baum, « Les Églises et la guerre », *Relations,* mai 2003, p. 7-8.

nous nous engageons à faire tout ce qui est possible pour éradiquer les causes du terrorisme.» Le pape demande qu'on recoure au dialogue, qu'on respecte les droits de la personne. Il a aussi déclaré que dans les conditions actuelles, aucune guerre ne peut être légitime. On ne peut plus parler de guerre juste[7].

Et les croisades! C'est dans le traitement de cette histoire des croisades qu'apparaît de la façon la plus manifeste, peut-être, le complexe de culpabilité des chrétiens, ou ce que Pascal Bruckner appelle «le masochisme occidental». La barbarie des croisés! Leur cruauté. Le saccage de Constantinople! Etc. C'est vrai, l'époque était à la violence. Mais, il faut bien se le rappeler, les croisades ont été déclenchées par la prise de Jérusalem par les musulmans. Imaginez seulement que les Américains occupent les lieux sacrés de l'islam, La Mecque et la fameuse pierre noire de la Kaaba. Le monde musulman au complet se lèverait et entreprendrait une guerre sainte contre les Barbares! Au xie siècle, Jérusalem, qui est le centre de la chrétienté, est envahie par les musulmans. En 1095, le pape Urbain XI fait appel aux chrétiens pour qu'ils entreprennent la reconquête de Jérusalem, pour permettre aux croyants de se rendre en pèlerinage à Jérusalem sans être menacés ou molestés par les musulmans qui ont envahi la région. Les Francs répondent en masse à cet appel; et parmi les che-

---

7. On peut trouver ce texte dans l'article de Gregory Baum (voir note 6), ainsi que dans *La Documentation catholique*, vol. 99, n° 6, 2002, p. 251-252.

valiers et les croyants, se glissent des aventuriers de toutes sortes, des profiteurs et des bagarreurs qui se laissent aller à toutes sortes d'excès. Dans un mouvement de civilisation comme celui-là, les excès sont impossibles à éviter. Il faut cependant essayer de comprendre le sens de ces grands déplacements. Si la Palestine et Jérusalem, qui depuis mille ans étaient devenues chrétiennes, n'avaient pas été envahies par les musulmans, les croisades n'auraient pas eu lieu. On ne peut nier qu'il y avait dans ces grandes opérations une part de mystique, que la littérature romantique exalte et que les fidèles chrétiens ont le droit d'honorer. Évidemment, les philosophes des «Lumières», qui sont fermés à la spiritualité et à la mystique, n'ont vu dans les croisades qu'un déferlement de barbarie. L'Encyclopédie de Diderot et d'Alembert ne fait pas dans la subtilité : «L'instinct et la cupidité furent les principaux mobiles qui entraînèrent la plupart de ces seigneurs loin de leur patrie, en leur présentant l'espoir d'augmenter leurs domaines ou d'en acquérir de nouveaux par des conquêtes faciles […] La superstition avait mis à la mode les pèlerinages aux saints lieux[8]… » Si au point de départ, vous niez l'existence de la foi, de la mystique, si la foi n'est que superstition, évidemment, vous ne pouvez la reconnaître dans l'histoire ou dans la vie humaine en général. Mais si vous reconnaissez que l'humanité est plus qu'un être de raison, peut-être serez-vous sensible à l'indignation de Léon Bloy : « La folie

8. Cité par Jean-Claude GUILLEBAUD, *Sur la route des Croisades*, Paris, Arléa, coll. «Points», 1993, p. 10.

des croisades est ce qui a le plus honoré la raison humaine[9]. » Dans *L'Annonce faite à Marie*, de Claudel, le père, Anne Vercors, se sent appelé à se rendre à l'endroit où la Croix fut plantée au « centre et l'ombilic de la terre, le milieu de l'humanité où tout tient ensemble ». Et combien d'autres écrivains, artistes et pèlerins célébreront Jérusalem, le lieu du passage de Dieu parmi nous. Mais tenter de porter un jugement nuancé sur les croisades, c'est être réactionnaire !

On évoque souvent l'histoire des croisades pour affirmer que les religions fomentent la violence, pour accuser le christianisme des pires actes de barbarie, pour le rendre responsable des guerres de religion. François Thual, géopolitologue, conseiller au Sénat français, s'interroge sur l'existence des guerres de religion : « Le conflit religieux pur, y compris dans des manifestations qui de prime abord semblent emblématiques, comme les croisades, n'existe pas. » Selon lui, dans certains conflits, les religions sont un facteur soit déclencheur, soit plus généralement amplificateur[10]. Il arrive bien souvent que des facteurs sociologiques, politiques et économiques prennent une coloration religieuse. Thual montre que même les conflits entre chiites et sunnites sont plus sociaux ou politiques que religieux. De plus, il souligne que les conflits religieux les plus violents de notre époque ont lieu dans le monde musulman, non pas entre

---

9. Léon BLOY, *Textes choisis par Albert Béguin*, Fribourg, Egloff, 1943, p. 43.

10. François THUAL, « Les guerres de religion existent-elles ? », *Diplomatie*, juillet-août 2007, n° 27, p. 40.

sunnites et chiites, mais entre chiites, « pas entre les opposés, mais entre les mêmes », ce qui illustre bien que les causes de ces conflits sont autres que la religion. Dans les conflits qui ont secoué l'ex-Yougoslavie, il note que la guerre n'était pas le fait de croyants qui se battaient pour le « dogme », mais que la religion servait plutôt de « carte d'identité ». Et il ajoute : « En général, moins on est croyant, plus on est crispé sur son identité religieuse[11]. » Je dirais que moins on est croyant, plus on veut se venger de ne pas l'être.

C'est donc dans l'ambiguïté que le débat sur la chrétienté a été inauguré au XVIIIe siècle. Il dure encore et a pris la forme d'un procès où l'on recourt moins à des arguments qu'à des jugements sommaires, souvent grossiers, à des préjugés indéracinables et à des critiques peu nuancées, tout cela assumé et légitimé par la rectitude politique, phénomène d'époque alimenté sans doute par le mimétisme qu'engendre le développement illimité des médias. Dans certains milieux, il suffit de se dire catholique pour être aussitôt considéré comme réactionnaire et fanatique, étroit d'esprit et superstitieux. Je me dis parfois que si le « Décalogue d'Assise », rédigé et proclamé par le pape Jean-Paul II, l'avait été par le dalaï-lama, les médias le célébreraient et le diffuseraient avec insistance. Mais un document du pape ne peut être que conservateur et dépassé ! Je suis convaincu pour ma part qu'il constitue un des documents les plus progressistes à avoir été rédigés sur les enjeux de la société actuelle.

11. *Ibid.*, p. 44.

Cela étant dit, le débat sur la chrétienté inauguré au XVIIIᵉ siècle était à mon avis nécessaire. Il fallait briser ce conglomérat de religion et de culture qui s'était formé au cours des siècles pour dégager l'espace de la foi. Les hommes de la chrétienté sont souvent portés à oublier que le royaume du Christ n'est pas de ce monde. Il est un ferment dans la pâte, mais ne se confond pas avec les institutions temporelles. La tendance à la théocratie est toujours présente chez certains croyants, chez les chrétiens fondamentalistes qui confondent facilement pouvoir politique et pouvoir religieux. Georges Duby parle de «l'inextricable entremêlement [...] du religieux et de ce que nous appelons le politique[12]» dans la chrétienté médiévale. Il y avait alors ce que Péguy appelle «les politiciens d'Église[13]», des gens qui s'intéressent plus à l'institution qu'à la mission dont elle est investie. Marcel Proust s'est mêlé à la querelle qu'a provoquée la séparation de l'Église et de l'État au début du XXᵉ siècle. Il a dénoncé avec vigueur les méfaits de l'anticléricalisme, protestant contre le projet de désaffecter les cathédrales. Par ailleurs, il notait que «le dogme catholique n'a rien à voir avec l'esprit de parti» que l'on voulait détruire. Il affirmait même que le cléricalisme s'était «entièrement dégagé des dogmes et de la foi catholique[14]».

---

12. Georges Duby, *Le Moyen-Âge : de Hugues Capet à Jeanne d'Arc, 987-1460*, Paris, Hachette, coll. «Pluriel», 1987, p. 389.

13. Charles Péguy, *Note conjointe sur M. Descartes, Œuvres en prose complètes*, tome III, Paris, Gallimard, coll. «La Pléiade», p. 1353.

14. *Op. cit.*, p. 771.

L'intégrisme, dans le domaine de la religion, ressemble à l'académisme dans le domaine de l'art. La religion a besoin de s'exprimer dans des actes, des formes, une culture. Quand ces formes se solidifient, elles étouffent la vie qu'elles ont pour fonction de transmettre, de protéger. La rigidité remplace alors l'inspiration. La routine et le dogmatisme s'installent.

Par ailleurs, il faut bien admettre que rien ne ressemble plus au cléricalisme que l'anticléricalisme. Dans les deux cas, on fait preuve de dogmatisme, de rigidité, d'intolérance. Les dogmatismes résultent toujours d'une crispation, d'une exagération ou d'une déviation de la vérité. Les croyants peuvent tomber dans ces travers, mais les incroyants aussi. Au nom de la raison comme de la foi, bien des crimes sont commis. «Liberté, que de crimes l'on commet en ton nom», disait une des victimes des révolutionnaires. À la source de ces problèmes, il y a peut-être les difficultés de la gestion du sacré, cette puissance mystérieuse qui réside au plus profond de l'activité humaine. Quand il n'est pas assumé, discipliné par l'institution religieuse, le sacré risque de saccager la culture et la société. Les philosophes des «Lumières» croyaient sans doute avoir réglé son sort au sacré, mais celui-ci affleure un peu partout dans leur dogmatisme et leur assurance. Ces défenseurs de la raison, ces gens qui se réclament de la raison ne se comportent pas toujours en serviteurs de la raison, mais plutôt en rois et maîtres de la raison. Bien plus, ce qui a pour une part dévalorisé le mouvement critique des «Lumières», c'est qu'il était habité par un fort sentiment de vengeance, par une mentalité de procès. «Si la révolution devient procès, écrit Jean-Marie Domenach, il vaut mieux ne plus parler de révolution[15]. »

Dans son beau livre *Étonnante Église*, Gregory Baum évoque le traitement des «Lumières» par les philosophes de l'École de Francfort. Pour ces derniers, les «Lumières» sont «devenues le grand obstacle à l'émancipation de l'humanité[16]». Il explique que la rationalité des «Lumières» a laissé tomber la «raison substantive», celle qui s'occupe des fins, pour ne retenir que la «raison instrumentale», celle qui s'occupe des moyens. La science et la technologie sont le produit de la raison instrumentale. Elles n'ont rien à voir avec la culture, avec l'éthique. Comme l'écrit Baum, «elles n'ont aucun contenu éthique, elles rendent la société aveugle aux valeurs transcendantes ; elles sont incapables de réfléchir à la signification de la liberté, de l'égalité et de la solidarité», et j'ajouterai au sens de l'existence, aux fins dernières. La science et la technologie ne doivent pas imposer à l'homme leur ordre, mais se soumettre aux exigences, aux impératifs de l'accomplissement de l'homme. Ce n'est pas l'être humain qui est pour la technologie, mais la technologie qui est pour l'être humain.

15. Jean-Marie DOMENACH, *Le Retour du tragique*, Paris, Seuil, 1967, p. 208.

16. Gregory BAUM, *Étonnante Église. L'émergence du catholicisme solidaire*, Saint-Laurent, Bellarmin, 2006, p. 212.

Ce qu'il faut comprendre avant tout, c'est que le procès de la chrétienté inauguré par le XVIII⁰ siècle n'était pas seulement une critique des travers ou des déviations de l'esprit de certaines institutions de la chrétienté. Il constituait une contestation radicale de la chrétienté elle-même, de ce qui l'avait inspirée, soit l'ouverture sur la transcendance, l'inspiration de la foi. L'Occident s'est construit sur la foi en Jésus-Christ, sur la conviction que Dieu s'est révélé en Jésus-Christ et a révélé à l'être humain le vrai sens de sa vie. Les « Lumières » ont proscrit tout ce qui constituait la base de la vie humaine, de la culture et de la civilisation à l'époque de la chrétienté, tout ce qui dépassait la raison, pour établir la raison comme réalité suprême. C'est ce qu'exprimait la fête de la déesse Raison à Notre-Dame, en 1793. Les « Lumières » supprimaient le roc sur lequel depuis plus de mille ans reposait la civilisation. Raymond Lemieux et Jean-Paul Montminy écrivent : « Pendant un millénaire et demi (en fait, depuis la chute de l'Empire romain), le christianisme a servi d'encadrement moral et spirituel au développement des cultures occidentales[17]. » Or voilà que cet encadrement était désavoué, déclaré obsolète. Cette révolution avait l'allure d'un séisme dont nous ressentons encore les secousses, qui instaurait le vide de la modernité. Il était reconnu qu'il n'y avait plus rien au-dessus de nos joies et de nos peines, au-delà de l'horizon de nos connaissances, que la culture ne témoignait que d'elle-même. Rien

---

17. Raymond Lemieux et Jean-Paul Montminy, *Le Catholicisme québécois*, Québec, L'IQRC, 2000, p. 119.

au-delà de ce que la raison pouvait analyser, soupeser, rien au-delà de ce dont elle ne pouvait rendre compte. Le mouvement de l'esprit n'était plus ouverture à l'univers, la réalité était ramenée aux bornes fixées par la raison. Dans la culture de la chrétienté, l'esprit s'ouvrait à ce qui était plus grand que lui. La culture des «Lumières» reconnaissait seulement ce qui entrait dans les normes de la raison. Avec le temps, l'âme disparaîtrait, laissant toute la place à l'esprit. On ne parle plus de l'âme, on n'entend plus le mot «respect». Ce mot n'a plus d'emploi. Il n'y a plus rien à respecter, il n'y a que de l'utile. On a bien parlé sur le coup de l'Être suprême, mais il s'agissait d'un fantoche qu'on s'est empressé d'oublier. Il fallait faire accepter la grande apostasie.

Au XIXe siècle, une réaction très forte aux «Lumières» se produit. Un très fort mouvement intellectuel tend alors à remplacer la religion de la foi par la religion de la science. Quand la science prétend supprimer la religion, elle s'érige en religion. Elle invente l'Utopie, comme le montrent les études savantes de Paul Bénichou. Le culte de la raison et de la science débouche au XIXe siècle sur l'Utopie, qui donne à «la synthèse scientifique un couronnement religieux[18]». Le siècle des «Lumières» qui inaugurait l'ère de la raison se termina à peine qu'on vit apparaître «l'Église saint-simonienne» et «la religion positiviste[19]», qui miment d'ailleurs bien souvent la religion chrétienne discréditée.

18. Paul Bénichou, *Le Temps des prophètes. Doctrines de l'Âge romantique*, Paris, Gallimard, coll. «Bibliothèque des idées», 1977, p. 273.

La foi au progrès remplace la foi du Moyen Âge et « la foi de la *Liberté* expirante[20] ».

Les catholiques qui s'engagent dans le grand débat de l'époque sur la raison et le christianisme ne semblent pas distinguer la foi chrétienne de la culture chrétienne, la foi chrétienne de la chrétienté. Ils situent le débat et l'engagement sur le plan politique. La chrétienté est une réalité politique et culturelle, liée à des formes sociales, politiques et culturelles. On situe le catholicisme par rapport à la monarchie ou à la démocratie. On lie l'Église à une politique. Ces gens pensent le problème du catholicisme en partant de l'Église comme institution historique et tentent de trouver le modèle politique qui est le plus conciliable avec l'Église. Ils ne comprennent pas que la « chrétienté » a fait son temps, que la foi chrétienne à l'origine de la chrétienté n'est pas liée à ce type de civilisation, que la foi chrétienne qui a suscité et la monarchie et la démocratie n'est pas liée à ces formes sociales et politiques. Saint Paul ne dénonce ni ne défend le système politique de son temps. Jésus non plus, qui recommande de rendre à César ce qui est à César et à Dieu ce qui est à Dieu. On a vécu tellement longtemps en chrétienté qu'on ne peut plus, dirait-on, penser la foi en dehors d'un contexte de chrétienté. Lamennais allait jusqu'à écrire : « La liberté moderne est fille de la théocratie du Moyen Âge[21]. »

19. *Ibid.*, p. 275, 282, 283.
20. *Ibid.*, p. 287.
21. P. BÉNICHOU, *op. cit.*, p. 171.

Il faut aussi considérer la révolution du XVIIIe siècle sous un autre angle. Ce siècle inaugure la modernité, l'expérience d'un univers vide, mécanique. Le vide, le nihilisme marque fortement la culture moderne. Pascal Bruckner parle de «l'ennui, ce péché laïque par excellence», «la maladie de l'âme moderne». Il affirme que l'ennui était «rare au Moyen Âge[22]». Au début du XIXe siècle, il envahit la conscience des romantiques. Les grands romantiques, comme Chateaubriand, Lamartine, Musset, Vigny, Hugo, Nerval sont habités par un fort sentiment de tristesse qui marque toute leur génération. Chateaubriand et Musset ont une conscience très nette que la révolution culturelle du XVIIIe siècle a laissé un vide dans l'être humain, d'où une tristesse inexpugnable qui envahit le champ de la conscience. La tristesse de René, qui était celle de Chateaubriand lui-même, avait l'allure d'une maladie. Elle était l'effet d'un vide provoqué par la disparition de la chrétienté. Chateaubriand écrivit le *Génie du christianisme* pour renouer avec l'esprit et l'âme de la chrétienté, et son livre connut un succès extraordinaire. Dans *Confession d'un enfant du siècle,* Musset décrit le vide qui l'habite et fait l'apologie du christianisme. Toute sa vie, Musset ne cessera de gémir sur l'incroyance de l'époque, d'accuser «les destructeurs de la religion qui n'ont rien inventé de sérieux pour en remplacer les valeurs et les grâces». Il faut admettre, me semble-t-il, que la mélancolie romantique est reliée à une blessure

---

22. Pascal BRUCKNER, *L'Euphorie perpétuelle. Essai sur le devoir de bonheur,* Paris, Grasset, coll. «Le Livre de poche», 2000, p. 108.

religieuse, au sentiment du Paradis perdu, à la nostalgie de la chrétienté disparue.

De ce point de vue, Hugo me semble différent de ses grands contemporains. Il est d'abord un romantique d'une grande sensibilité religieuse, comme ses contemporains ; peu à peu, cependant, il glisse vers un républicanisme anticlérical et antireligieux, se situant dans le sillage des philosophes rationalistes du xviiie siècle. Pour Hugo, les valeurs républicaines ne semblent pas conciliables avec la foi chrétienne, contrairement à ce que pensent ses contemporains Lacordaire, Lamennais et Montalembert, par exemple. Le romantique Hugo évolue de la sensibilité religieuse héritée de Chateaubriand à une philosophie panthéiste dans laquelle le vide s'est substitué à la divinité. Claudel parle à son sujet d'une « Religion sans religion ». Pour lui, Hugo est un très grand poète, un voyant. « Non pas un voyant des choses de Dieu, il n'a pas vu Dieu, mais personne n'a tiré tant de choses de cette ombre que fait l'absence de Dieu[23]. » Pour Hugo, la chrétienté, en s'effaçant, a emporté avec elle la foi, et l'humanité et l'univers sont en quelque sorte dépouillés de la présence divine. Le vide de la modernité, conséquent aux « Lumières », que nous retrouvons dans la culture au xxe siècle sous la forme de l'absurde et du nihilisme, est déjà présent chez Victor Hugo.

---

23. Paul CLAUDEL, *Positions et propositions*, *Œuvres en prose*, Paris, Gallimard, coll. « La Pléiade », p. 24, 25.

Dès le XVIIIe siècle, cependant, une autre démarche spirituelle s'impose dans la culture, dont les principaux représentants sont Baudelaire, Rimbaud, Verlaine. Il y a chez Baudelaire, par comparaison aux romantiques, un changement de ton qui dénote une prise de conscience de l'expérience religieuse beaucoup plus radicale, plus ferme que chez les romantiques. Baudelaire est plus près de saint Augustin que des philosophes des «Lumières» ou de Victor Hugo. Dans *Curiosités esthétiques,* il évoque «le grand moment satirique et démolisseur du XVIIIe siècle[24]». Par-dessus le romantisme et le XVIIIe siècle, Baudelaire se raccroche douloureusement à la chrétienté. On sait qu'il reconnaissait en Joseph de Maistre un de ses maîtres à penser. Mais il suffit surtout de lire Baudelaire pour constater ses nombreuses références à l'Église lorsqu'il réfléchit sur les grandes questions spirituelles et son recours à un vocabulaire théologique traditionnel. Il écrivait, dans «L'école païenne»: «Renier les efforts de la société précédente, chrétienne et philosophique, c'est se suicider[25].» Baudelaire, dit Léon Bloy, parlait «constamment la grammaire du catholicisme». Le XVIIIe siècle lui était tout à fait rébarbatif. Il écrit dans «Éloge du maquillage»: «La plupart des erreurs relatives au beau naissent de la fausse conception du XVIIIe siècle relative à la morale.» Dans «Un mangeur d'opium», il parle du fragile Voltaire qui «mit

---

24. Charles BAUDELAIRE, *Œuvres complètes,* Paris, Gallimard, coll. «La Pléiade», 1954, p. 753.
25. *Ibid.,* p. 979.

quatre-vingt-quatre ans à mourir ». Dans *L'Art romantique* : « Voltaire ne voyait de mystère en rien, ou qu'en peu de choses. » Dans *Journaux intimes* : « Je m'ennuie en France, surtout parce que tout le monde y ressemble à Voltaire[26]. » Baudelaire détestait le matérialisme de son époque issu du rationalisme du xviiie siècle. La religion est pour lui inscrite au cœur de l'homme. Et sa religion, c'est le catholicisme.

On a dit de Baudelaire qu'il est le premier à avoir exprimé la névrose de l'homme moderne. Pourtant, le poète des *Fleurs du mal* n'est pas un désespéré. Partout dans son œuvre, la porte de l'espérance reste ouverte. Il existe chez lui une nostalgie très forte de la joie, de la pureté, un besoin d'apaisement d'ordre surnaturel. « Si l'idée de la Vertu et de l'amour universel n'est pas mêlée à tous nos plaisirs, tous nos plaisirs deviendront tortures et remords », écrit-il à la toute fin de *L'Art romantique*. Il ne se révolte pas contre la souffrance, il l'accueille au contraire comme une purification.

Baudelaire dénonce « la grande hérésie moderne […] la suppression du péché originel ». Sa conception du péché est peut-être sombre, mais il soutient avoir toujours été catholique[27]. Il considérait que la négation du péché originel « n'était pas pour peu dans l'aveuglement de cette époque ». « Le péché originel contient son enfer », dit-il dans *L'Art romantique*[28].

26. *Ibid.*, p. 1986, 1215.

27. Voir Joseph MELANÇON, *Le Spiritualisme de Baudelaire*, Montréal, Fides, 1967, p. 135, 136.

28. La Pléiade, p. 911, 980.

Il y avait dans les «Lumières» et la Révolution française une espèce d'aveuglement. On s'imaginait que tout à coup le mal n'existait plus, que l'homme cessait d'être profiteur et cruel. «Les Lumières et la Révolution française, écrit Pascal Bruckner, n'ont pas seulement proclamé l'effacement du péché originel, elles sont entrées dans l'histoire comme une promesse de bonheur adressée à l'humanité entière[29]. » On voit comment Baudelaire était en contradiction avec son époque.

Il l'était aussi en ce qui concerne la croyance au progrès proposée par le XVIIIe siècle. Le progrès, disait-il, n'est rien d'autre que «la domination progressive de la matière». Dans un passage prophétique de *Journaux intimes*, il prévoit que l'esprit sera mécanisé, les cœurs avilis[30]. Pour lui, le développement technologique n'entraîne pas le progrès humain.

C'est dans le sillage de Baudelaire qu'il faut placer Rimbaud. Comme lui, il est en réaction contre son époque, et comme lui il reconnaît sa dette envers la chrétienté. «Nous allons à l'Esprit… Je ne suis pas prisonnier de ma raison… J'aurais fait manant le voyage de terre sainte… » Ailleurs, il se compare à Jeanne d'Arc. Rimbaud est plus près de Villon que d'André Chénier. Comme Baudelaire, il réagit contre le rationalisme et le matérialisme de son époque et renoue avec les valeurs spirituelles de la chrétienté. D'autres, de façon différente, feront la même démarche ;

---

29. Pascal BRUCKNER, *L'Euphorie perpétuelle*, p. 44.
30. La Pléiade, p. 768, 1201-1205.

Verlaine, Ernest Hello, Léon Bloy, Péguy, Mauriac, Bernanos, Claudel, pour n'en nommer que quelques-uns. Ces auteurs ne veulent pas revenir à la chrétienté médiévale, mais ils renouent avec ce qui est au cœur de l'expérience spirituelle de l'Occident. Julien Green, dans son journal, parle de Malraux qui, dans une conversation, fit un «rapproche-ment entre saint Augustin et Baudelaire avec une de ces intuitions qui le rendaient unique[31]». Pour moi, Baudelaire et Rimbaud, par-dessus la grande brèche du xviiie siècle, sont des nostalgiques de la chrétienté, des héritiers de son secret spirituel.

Ma lecture de l'histoire du christianisme et de l'Occident est donc celle-ci: après quatre siècles de persécution, le christianisme engendre la chrétienté, cette forme de civili-sation chrétienne remise en question au xviiie siècle. Cette remise en question était légitime, mais elle s'est produite dans l'ambiguïté, dans un certain aveuglement, et souvent dans l'esprit de vengeance. Au lieu de tenter de retrouver l'esprit qui l'avait suscitée, on a plutôt porté sur la chré-tienté un jugement global qui la condamnait et sapait les bases d'un réaménagement nouveau des valeurs qui avaient été transmises. Il en résulta un sentiment de vide et d'insé-curité dans la société moderne qui l'a suivie.

31. Julien GREEN, *Le grand large du soir: 1997-1998*, Paris, Flammarion, 2006, p. 221.

Si l'on fait le bilan de la chrétienté, on doit reconnaître qu'il est loin d'être négatif. René Girard affirme que c'est ce qui reste de christianisme dans la société actuelle qui empêche celle-ci de sombrer.

Pour les croyants, évidemment, notre premier motif de reconnaissance envers la chrétienté est qu'elle nous a transmis, à travers quinze siècles d'histoire mouvementés, le message évangélique, la Bonne Nouvelle du salut. C'est grâce à la chrétienté que la foi en Jésus s'est rendue jusqu'à nous. Et il est bon de remarquer que la chrétienté, en proclamant le message évangélique, transmettait ce qui la mettait elle-même en question. Tôt ou tard, elle devait être contestée de l'intérieur, car elle portait au plus intime de ses convictions celle de la séparation de l'Église et de l'État, de la primauté de la foi sur la culture et la civilisation, etc.

Il faut se rappeler aussi que la chrétienté nous a transmis un certain sens de la liberté sans lequel notre vie et notre culture seraient très différentes. «Vouloir la liberté sans le christianisme, entreprise difficile, écrit Jean Guitton. Les idées de personne et de liberté font corps avec l'idée de Dieu personnel[32].» Il faut voir comment, au cours du Moyen Âge, la chrétienté s'efforce de civiliser les Barbares qui en font partie. Quand apparaît l'arbalète, au XIIe siècle, l'Église défend l'utilisation de cette arme qu'elle juge trop efficace, ne laissant pas assez de chance à l'attaqué de se défendre[33].

---

32. Jean GUITTON, *Mon testament philosophique*, Paris, Presses de la Renaissance, coll. «Pocket», 1997, p. 57.
33. Voir Georges DUBY, *op. cit.*, p. 257.

Au Moyen Âge encore, c'est l'Église qui a dénoncé et interdit les mariages politiques qui bafouaient le consentement des contractants. C'est pour civiliser un peu les mœurs que fut inventée la chevalerie. Et on pourrait relever bien d'autres traits de civilisation qui ont été suscités par la chrétienté, comme le montre le très beau livre de Régine Pernoud, *La Femme au temps des cathédrales*. Cet ouvrage illustre bien comment la femme, dès les premiers siècles du christianisme, peut jouir d'un statut social que jamais elle n'avait connu auparavant, et comment elle contribua à raffiner les mœurs au cours du Moyen Âge. C'est cette atmosphère que reconstitue Jeanne Bourin dans ses romans remplis de sensibilité et de spiritualité chrétiennes.

Je me contenterai maintenant de relever trois éléments de la chrétienté dont le monde actuel a hérité et sans lesquels il ne serait pas ce qu'il est. Jean-Claude Guillebaud, pour qui le monde actuel, malgré les apparences, est judéo-chrétien, reconnaît les trois éléments suivants de l'héritage chrétien. D'abord, la primauté de la personne, de l'autonomie individuelle, qui ne vient ni du bouddhisme ni de l'islam, mais du christianisme. En second lieu, l'idée de progrès, qui est une laïcisation de l'espérance chrétienne. L'espérance, qui traduit la projection de l'être humain dans l'histoire, était une donnée centrale de l'Ancien Testament. Le peuple juif n'était pas résigné à ses malheurs. Il attendait la venue d'un Messie qui le délivrerait. Cette espérance se poursuit dans le monde chrétien. Le Messie est venu et a instauré le royaume de Dieu, qui doit se développer avec la collaboration de tous les humains. Le croyant chrétien ne s'accommode pas du monde tel qu'il est. Il veut l'améliorer, le rendre plus humain, plus conforme au plan de Dieu. Il se rappelle la recommandation du Christ : « Cherchez avant tout le royaume de Dieu… » Dans le Notre Père, la prière qui lui a été enseignée par Jésus, il prie pour que le nom de Dieu soit reconnu comme saint, pour que son Règne vienne, etc.

Le xviiie siècle a rejeté la croyance au surnaturel, il a remplacé la foi par la raison, mais il a gardé une forme déchristianisée ou laïcisée de l'espérance en ce qu'il appelle le progrès. Il y a dans cette idée de progrès quelque chose de naïf, une certaine vanité mal placée. Ce n'est pas pour rien qu'on appelle le xviiie siècle le siècle des « Lumières ». Ce qui l'avait précédé, c'étaient les âges obscurs, la barbarie, les âges religieux et métaphysiques ! On était maintenant à l'âge de la science. C'en était fini de la superstition, du fana-tisme ! La science allait tout régler, il n'y aurait plus de guerres, ce serait bientôt le paradis sur terre. On comprend que Cioran ait écrit : « Le Progrès est l'injustice que chaque génération commet à l'égard de celle qui l'a précédée[34]. » Il considérait « la croyance au progrès comme la plus fausse et la plus niaise des superstitions[35] ». À l'expérience, notre époque a fait éclater la croyance naïve au progrès des

---

34. Emil Cioran, *De l'inconvénient d'être né*, Paris, Gallimard, coll. « Les Essais », 1973, p. 150.

35. *Ibid.*, p. 153.

xviiiᵉ et xixᵉ siècles. Nous avons éprouvé, comme l'écrit Jean-Marie Domenach, que l'instruction obligatoire et la liberté de presse ne suffisent pas à illuminer les esprits[36]. Après le Goulag, les camps de concentration, Hiroshima, pour ne nommer que quelques horreurs modernes, nul ne peut croire au progrès. Le progrès est une version dénaturée de l'espérance, il n'est pas l'espérance chrétienne. Cette dernière ne ferme pas les yeux sur le mal qui est dans l'être humain, mais elle ne s'y résigne pas. Malgré les horreurs de l'histoire et les catastrophes de la civilisation, le croyant ne démissionne pas. Il croit que «les hommes sont coresponsables du futur, c'est-à-dire qu'ils ont en charge l'avènement et l'amélioration du monde[37]». Il croit en la résurrection, c'est-à-dire que le mal existe mais qu'il n'y a pas que le mal, que même dans les pires situations, l'Esprit agit, que Jésus a vaincu la mort et nous entraîne avec lui. La croyance au progrès n'est qu'une caricature de l'espérance chrétienne. Mais la chrétienté a transmis à l'homme, malgré la déception engendrée par l'idée de progrès, la volonté de changer le monde, de l'améliorer, une préoccupation, me semble-t-il, qu'on ne retrouve ni dans le bouddhisme ni dans l'islam.

Enfin, l'aspiration égalitaire, le sentiment que tous les humains sont égaux, est un sentiment qui vient du christianisme et qui peu à peu se répand dans le monde entier[38].

36. Jean-Marie Domenach, *op. cit.*, p. 186.
37. Jean-Claude Guillebaud, *op. cit.*, p. 86.
38. Voir Jean-Claude Guillebaud, *Comment je suis redevenu chrétien*, p. 70-71, 74, 84.

Nietzsche, qui détestait le christianisme et la démocratie, considérait la démocratie comme «un christianisme devenu nature[39]». La démocratie est un produit de la culture chrétienne et, en premier ressort, de la foi elle-même qui reconnaît que tous les humains sont égaux car ils sont tous des enfants de Dieu.

Il est difficile d'imaginer ce que serait aujourd'hui le monde occidental si la chrétienté n'avait pas existé. En effet, ce monde est pour l'essentiel un produit de la chrétienté. Mounier écrit: «Nous ne pouvons pas ne pas être frappés de ce fait: ce que l'on nomme la civilisation matérielle est né en pleine terre chrétienne, et suit l'expansion du christianisme dans le monde[40].» Mais la chrétienté a fait son temps, et l'être humain qu'elle a engendré doit inventer une nouvelle culture, une nouvelle civilisation, en faisant fructifier l'héritage qui lui a été transmis. Malheureusement, cette transition se fait dans l'ambiguïté et bien souvent dans une agressivité mal placée, comme celle de l'adolescent qui s'émancipe du milieu familial. «Il y a aujourd'hui, écrit René Rémond, une culture du mépris à l'encontre du christianisme… Le conformisme est dans le persiflage, le sarcasme et la dérision […] Contre le catholicisme, toutes les insultes sont permises […] Elles sont particulièrement répandues dans les milieux de la création artistique, chez les animateurs de variétés et aussi une partie des journalistes. On ne passe rien à la religion

39. *Ibid.*, p. 63.
40. Emmanuel MOUNIER, *Feu la chrétienté*, Paris, Seuil, 1950, p. 247.

catholique[41]. » Jean Delumeau écrit : « Aucun siècle n'a, autant que le XXᵉ, tenté de tuer le christianisme[42]. » Il y a dans l'attitude anti-chrétienne de l'homme postmoderne une espèce de frustration, un sentiment vindicatif à l'égard de son géniteur, un sentiment de culpabilité d'être privé de ce dont la chrétienté avait le secret. À propos du « glorieux délire » dont parle sainte Thérèse d'Avila pour marquer une des phases de l'union avec Dieu, Cioran écrit : « C'est ce qu'un esprit desséché, forcément jaloux, ne pardonnera jamais à une mystique[43]. » La chrétienté avait une âme ; la modernité l'a confisquée avec le reste, et elle ne peut s'accommoder de cette amputation. Pour Baudelaire, le christianisme a tellement fait l'Europe que celle-ci ne peut plus s'en passer. Il est partie de l'Europe.

La modernité postchrétienne fait l'expérience du vide. Quand Dieu se nommait Dieu, disait Péguy, l'homme pouvait se nommer homme. En face de Dieu, l'être humain était un être humain. En face de rien, il a perdu son assiette. Nous faisons l'expérience qu'un monde privé de transcendance est absurde, ce qu'illustrent à satiété ces professeurs de néant dont Nancy Huston nous trace l'itinéraire désenchanté, et les différents mouvements nihilistes qui prétendent illustrer la modernité.

41. René RÉMOND, *Le christianisme en accusation. Entretiens avec Marc Leboucher*, Paris, Desclée de Brouwer, 2000, p. 14.

42. Jean DELUMEAU, *Guetter l'aurore. Un christianisme pour demain*, Paris, Grasset, 2003, p. 47.

43. CIORAN, *op. cit.*, p. 40.

❖

Dans le contexte du passage d'une époque à une autre, bien des ambiguïtés flottent dans l'air. L'assurance de certains « esprits » libérés qui s'affichent comme athées, incroyants, ouverts, modernes, postmodernes, ne doit pas troubler les croyants. Ces derniers ne doivent pas se laisser intimider par les fanatiques et les cabotins. Déjà, au début du siècle, Péguy écrivait : « On aime beaucoup, dans le monde moderne, que les gens qui ont un Dieu en aient un peu honte, qu'ils s'en excusent, comme d'une incorrection[44]. » Dans une époque comme la nôtre, où ce qui s'en vient n'est pas apparent, où ce qui a été semble avoir plus de consistance que ce qui s'en vient, la rectitude politique s'enveloppe du manteau de l'orthodoxie et menace les esprits libres qui refusent de se ranger. D'ailleurs, la modernité, note Pascal Bruckner, « est hantée par cela même qu'elle prétend avoir dépassé[45] ». Certains auteurs qui se disent incroyants reconnaissent cependant le bilan positif de la chrétienté et de la religion en général. Je pense à André Comte-Sponville et à Luc Ferry, à Marcel Gauchet et à tant d'autres.

La sortie de la chrétienté se fait nécessairement dans une certaine ambiguïté. Il n'est pas toujours facile de saisir ce qui se passe dans les grandes mutations de la civilisation.

---

44. Charles PÉGUY, *Par ce demi-clair matin*, dans *Œuvres en prose complètes*, II, Paris, Gallimard, coll. « La Pléiade », p. 222-223.

45. Pascal BRUCKNER, *op. cit.*, p. 55.

Le refus de certaines réalités démodées se transforme parfois en refus de soi. Le cardinal Ratzinger, le pape actuel,
affirmait : « Il y a en Occident une étrange haine de soi
qui peut être considérée comme pathologique. De façon
louable, l'Occident tente de s'ouvrir à plus de compréhension pour des valeurs extérieures, mais il ne s'aime plus
lui-même. Il ne voit plus désormais de sa propre histoire
que ce qui est méprisable ou destructeur et il n'est plus en
mesure d'y percevoir ce qui est grand et pur. L'Europe
pour survivre a besoin d'une nouvelle acceptation d'elle-
même, certes humble et critique. Le multiculturalisme,
qui est encouragé passionnément, se réduit souvent à un
abandon et à un reniement par l'Europe de ce qui lui est
propre[46]. »

Ce que je veux souligner ici, c'est que les croyants n'ont
pas à toujours s'excuser de tous les maux, à se flageller, à
se reconnaître responsables de tous les crimes de l'histoire.
Il est évident et inévitable que des chrétiens ne soient pas
à la hauteur de la foi qu'ils professent, que des loups s'in-
troduisent dans la bergerie, mais il ne faut jamais perdre de
vue que la communauté des croyants, malgré ses faiblesses
et ses hésitations, est ordonnée à l'avènement du royaume
de Dieu. Il ne faut pas porter attention à nos seuls échecs,
à nos seules expériences malheureuses, mais nous réjouir
de ce qui se fait de bien autour de nous, de ce que vingt

---

46. Cité par Mathieu Bock-Côté, *La dénationalisation tranquille. Mémoire,
identité et multiculturalisme dans le Québec postréférendaire*, Montréal, Boréal,
2007, p. 188.

siècles de christianisme ont apporté à la culture et à la civilisation. Beaucoup de chrétiens, j'ignore pourquoi, ou je le sais trop bien, ne s'intéressent pas à leur héritage chrétien. On dirait qu'ils en ont honte. Au Québec, par exemple, on n'a pas fait l'évaluation de la contribution de l'Église à l'éducation, de l'apport du clergé à la culture. On n'a pas fait l'évaluation du mouvement missionnaire depuis le xvie siècle. Bien plus, si l'on fait allusion à ces grandes réalisations spirituelles et culturelles, c'est pour les décrier. Je regrette aussi qu'une part importante de notre héritage spirituel et intellectuel soit mis au rancart. On s'intéresse beaucoup aux spiritualités orientales, mais on ignore notre grande tradition mystique, illustrée par d'innombrables auteurs. Je pense aux écrits de Ruysbrœck, de Catherine de Sienne, de Thérèse d'Avila, de Jean de la Croix, de Bossuet, de Fénelon, de Newman et de tant d'autres. Je pense à ces grandes figures du xxe siècle qui nous ont donné des œuvres inépuisables : Péguy, Bernanos, Mauriac, Claudel, Maritain, Gilson, Marrou, Mounier, de Lubac, Sertillanges, Chenu, Congar, Rahner, Guitton, Thibon, et tant d'autres. Xavier Tilliette parle de «l'étiolement public du catholicisme[47]». Saint Augustin et saint Thomas, saint Bonaventure et saint Jérôme sont démodés à jamais. On entend à tout moment, dans les médias, des propos méprisants sur la Bible, mais jamais, ou presque, on n'évoque le travail merveilleux de l'École biblique de Jérusalem, par exemple, en exégèse.

---

47. Xavier TILLIETTE, *Le Jésuite et le poète. Éloge jubilaire à Paul Claudel*, Versailles, Éditions de Paris, 2005, p. 127.

Nous vivons dans une période de confusion, de refus et de dénigrement de tout ce qui n'est pas dans le vent, de tout ce qui n'est pas de la dernière actualité. Certains me taxeront d'élitisme, mais il me semble qu'il n'y a pas d'élitisme à regretter qu'on refuse la culture et la connaissance à la collectivité.

Quant à la critique de l'Église, de la chrétienté, de la religion et de la foi, elle se fourvoie très souvent, faisant bien souvent preuve d'un dogmatisme qui s'apparente à celui de l'intégrisme. Comme disait Mounier, il existe un conformisme du non-conformisme qui n'est pas plus brillant que son contraire. Cela étant dit, malgré ses excès ou ses méprises, la critique a un rôle important à jouer. Ce même Mounier écrivait : « Il n'y a qu'un Réformateur de l'Église, l'Esprit qui l'inspire, et dans sa tâche il semble plus volontiers s'aider des mécréants que des fidèles[48]. » À l'époque où nous vivons, le rôle de l'anticléricalisme et de la critique multiforme est de dépouiller l'Église ou la communauté des croyants de son vêtement de chrétienté pour faire resplendir en elle ce qui est au-delà du temps. Claudel a écrit des pages lumineuses sur le rôle de la critique et des persécutions qui forcent en quelque sorte l'Église à se dépouiller de ses vêtements démodés pour se présenter dans toute sa splendeur : « Si vous me frappez, c'est que vous avez besoin de moi. Frappez donc et l'on vous ouvrira[49]. »

48. Emmanuel MOUNIER, *op. cit.*, p. 20.
49. Paul CLAUDEL, *Discours à l'Académie française*, dans *Œuvres en prose*, Paris, Gallimard, coll. « La Pléiade », p. 651.

❖

Nous sommes donc à une époque de postchrétienté. Pendant plus de mille ans, la foi chrétienne était associée à la chrétienté qu'elle avait suscitée, elle était portée par elle. Mais la chrétienté comme culture, comme civilisation, est située dans l'histoire, elle est temporelle. D'une certaine façon, le concile Vatican II représente la liquidation de la chrétienté. C'est la transition d'une époque à une autre. Cette transition, qui n'est pas encore achevée, implique une profonde transformation des institutions, une manière nouvelle de proclamer et de vivre la foi dans un monde nouveau. L'Église, c'est la communauté des croyants. L'institution Église est au service de la communauté. Dans la chrétienté, l'Église tend à devenir surtout une institution. Au moment du concile Vatican II, comme on le voit dans les *Mémoires* de Hans Küng, l'institution est très forte, l'Église se perçoit surtout comme institution. Elle a de la difficulté à sortir de la chrétienté, qui est liée à l'histoire. La foi chrétienne aussi est dans l'histoire, sans toutefois dépendre de l'histoire. La foi chrétienne est la reconnaissance que Jésus-Christ, le Fils de Dieu, a révélé à l'humanité le mystère de Dieu et le sens de la vie humaine. C'est sur cette foi en la divinité du Christ que s'est construite la chrétienté et, en fait, que s'est construit l'Occident. Si l'on récuse cette donnée historique, il faut réinterpréter l'histoire de l'Occident. Nous sommes acclimatés à la culture de la chrétienté, nous sommes portés par elle, sans nous arrêter à considérer bien souvent ce qui l'a inspirée. Au moment où elle est arrivée à son terme, nous sommes déstabilisés, nous devons revenir plus explicitement à la foi qui l'a inspirée, et cette opération n'est pas toujours facile.

Pour beaucoup de nos contemporains qui étaient à l'aise dans la chrétienté, qui baignaient dans la culture catholique ou chrétienne traditionnelle, sans trop se poser de questions, la foi était quelque chose de sociologique. Et je ne confère à cette remarque aucune portée péjorative. Nous avions réussi à créer une société dans laquelle la foi était accueillie comme une dimension normale de l'activité humaine, bien plus, une société imposée par la foi elle-même. Aujourd'hui, nous nous retrouvons, par rapport à la chrétienté, dans une situation semblable à celle des premiers chrétiens par rapport aux institutions juives. Nous continuons une démarche, nous l'accomplissons, et en même temps nous inventons quelque chose de nouveau.

Comment formuler notre foi au Christ ? Comment l'assumer ? Pour certains, il est impossible que le Christ soit Dieu, Fils de Dieu. On veut bien admettre que le christianisme est ouvert sur la transcendance, mais de là à reconnaître que le Christ est Dieu, il y a une marge. Dans la tradition chrétienne, on a toujours parlé de «mystère». Quand on dit que Jésus est Fils de Dieu, on reconnaît qu'il y a là un mystère, une réalité qu'on ne peut expliquer. Dieu lui-même est le parfait Inconnu. *Deus absconditus.* Certains se scandalisent de ce que Dieu est caché. Mais si Dieu est Dieu, par définition il ne peut se présenter comme un objet quelconque. On peut dire que Jésus est le Fils du Dieu inconnu. En un sens, on peut dire de tout être humain qu'il est inconnu, qu'on ne connaît personne de façon adéquate. Dans tout être humain, il y a un mystère, quelque chose que la littérature universelle essaie de circonscrire sans jamais y arriver. Jésus, Fils de Dieu, Fils de Celui qui est, Fils du Père. Quand on dit «Jésus, Fils de Dieu», il est bon de se rappeler que les mots ne sont jamais tout à fait à la hauteur de la réalité, qu'ils sont tout au plus un pacte avec l'indicible. La foi au Christ est donnée par Dieu, affirme-t-on. Elle se fait dans le clair-obscur de la connaissance humaine. La foi n'est pas un savoir, mais une connaissance.

Ernest Hello, qui porte souvent des jugements intempestifs sur l'art, la culture et l'histoire, fait parfois preuve d'une vision profonde. Ainsi, il écrit: «Chaque vérité qui apparaît se cache en apparaissant; car elle n'apparaît pas totalement, et plus l'homme la voit plus il voit qu'il ne la voit pas[50].» Le Christ est Fils de Dieu. Sa conscience s'ouvre sur l'Inconnu, son Être est indicible. Devant cet événement, cette apparition de Dieu dans l'histoire, on peut s'arrêter, recommencer à vivre, se détourner. Dans son beau livre, *L'Évangile selon Pilate*, Éric-Emmanuel Schmitt raconte que Pilate, avant sa rencontre avec le Christ, était quelqu'un qui savait. Maintenant, il est débordé, il doute. Il ne peut pas expliquer le mystère[51]. Croire, c'est accepter

50. Ernest HELLO, *L'Homme*, Montréal, Variétés, 1945, p. 83.
51. Éric-Emmanuel SCHMITT, *L'Évangile selon Pilate*, Paris, Albin Michel, 2000, p. 278.

de ne pas pouvoir tout expliquer. Le croyant fait confiance. Il ne ferme pas la porte. Mais le croyant reste un être humain ; il accueille la foi avec toute la complexité de son être, conscient, comme dit Bossuet, qu'il « sera toujours à lui-même une grande énigme, et son propre esprit lui sera toujours le sujet d'une éternelle et impénétrable question[52] ». Et il faut se rappeler que dans le domaine de la pensée, et plus encore dans celui de la foi, la formule n'est jamais à la hauteur de ce qu'elle désigne. Gardons-nous de « chosifier » la réalité, surtout la réalité de la foi. Évitons de retomber dans les habitudes de la scolastique décadente ou dans les travers d'un rationalisme obtus qui réduit la réalité à des formules. Rappelons ces mots de Nietzsche : « Une chose expliquée cesse de nous intéresser. »

La foi en Jésus, Fils de Dieu. Cela résume toute la réalité chrétienne. On peut la formuler de différentes façons. C'est cette réalité que le dogme essaie de cerner, que l'Évangile nous transmet. Il n'y a qu'un commandement : l'amour de Dieu, qui comprend l'amour du prochain et qui s'est réalisé en Jésus. L'homme peut être excusable de se méprendre sur la dignité divine de Jésus qui est voilée par ses humbles apparences de Fils de l'homme, mais il ne l'est pas de fermer son cœur à l'Esprit (*Matthieu* 12,32).

Rappelons ici les fameuses paroles de saint Thomas : il est des gens qui connaissent le Christ, mais qui ne le reconnaissent pas. Ils sont fidèles à son enseignement, ils vivent

---

52. Bossuet, *Histoire des variations des églises protestantes*, Paris, Méquignon, Junier et J. Leroux, Gaume Frères, 1846, p. 15.

dans son Esprit, mais ils n'ont pas conscience d'être chrétiens. Le Christ avait déjà proclamé : « Ce ne sont pas ceux qui disent Seigneur, Seigneur, qui auront la vie éternelle, mais ceux qui font la volonté de mon Père qui est dans les cieux » (*Matthieu* 7,21). C'est cette vérité que répercutait Bernanos, pour qui « parler chrétien revient à parler en homme libre face au monde, à refuser de pactiser avec lui, à répandre le message de la charité du Christ et à proclamer la vérité[53] ».

Beaucoup de gens sont mal à l'aise devant l'affirmation de la divinité de Jésus. Une telle affirmation semble impossible, contradictoire. Et quand on se met à l'expliquer de « façon scientifique », en recourant à une formulation théologique abstraite, cela devient encore plus insupportable. Pourquoi ne pas s'en tenir aux paroles de Jésus lui-même qui affirme être le Fils de Dieu, que Dieu est son père ? Accepter qu'il y a en lui plus que de l'humain. Au lieu d'essayer d'expliquer, adorer.

L'évangélisation sera toujours à recommencer, parce que le message évangélique est perçu différemment par les différentes personnes, les différentes époques, les différentes nations. La relation de chaque homme ou de chaque femme au Christ est unique, elle est toujours nouvelle, inédite, tout comme l'amour entre les personnes, tout en étant semblable, est toujours unique, différent. Dans ce domaine

---

53. Georges BERNANOS, *Essais et écrits de combat*, I, Paris, Gallimard, coll. « La Pléiade », p. 1587.

spécialement, on ne peut s'asseoir sur l'acquis. L'amour ne se répète pas.

Il est important de se rappeler sans cesse que le christianisme n'est pas une religion. Il n'est pas une idéologie. La religion est de l'ordre de la culture ; la foi est de l'ordre de la révélation. Le christianisme est une communauté de croyants, de personnes qui croient en Jésus, le Fils de Dieu. Cette communauté de croyants vit à des époques différentes. Ces croyants reconnaissent Jésus comme « l'Envoyé de Dieu », « l'Image visible du Dieu invisible », « le Fils de Dieu », ce qui est l'essentiel de la foi, le fait central de l'histoire, et ils essaient de suivre son enseignement, de vivre en ayant confiance en lui.

Dans la réflexion théologique sur l'action de l'Église dans le monde, je me demande si l'insistance sur l'Église n'entraîne pas une usurpation de la foi par l'institution. L'Église ne doit pas se substituer au message qu'elle annonce. Elle n'a pas à transmettre une culture, mais le message de la foi. Elle n'a pas à proposer aux peuples un modèle culturel, mais la foi. Elle n'a pas à évangéliser les cultures. Elle transmet la foi aux personnes qui, elles, transforment les cultures. Il n'y a pas une culture chrétienne, mais *des* cultures chrétiennes. Il y a une foi chrétienne, mais *des* cultures chrétiennes. Il y a un seul Esprit et une seule foi.

7

Claudel, témoin capital
de la culture occidentale

Claudel n'est ni un philosophe, ni un théologien, ni un sociologue… il est un poète, un poète croyant, un poète catholique, le poète de l'Être. C'est cette dernière dénomination qui le caractérise avant tout. Le poète n'en finit pas de s'émerveiller du fait qu'il existe, que l'existence est inénarrable, que l'Être déborde de toute part notre entendement. Il écrit dans *Connaissance de l'Est* : « Je suis le vérificateur de la chose présente. » Claudel n'est jamais abstrait. Il n'est jamais notionnel. Il est dans la réalité la plus concrète. Chez lui, pas de système, pas de grille de discipline. Son instrument est le verbe.

Claudel est le poète le plus près de la Bible qui soit. La Bible n'argumente pas, elle ne fait pas de philosophie. Elle est le livre d'une révélation, de la Révélation. L'art de Claudel, c'est le lieu de la Révélation de l'Être. On comprend que dans la dernière partie de son œuvre, le poète s'intéresse tellement à la Bible. En elle, il réalise l'achèvement de sa démarche poétique. C'est elle maintenant qui prend toute la place. Il la commente, la réécrit en quelque sorte.

Claudel a lui-même affirmé que sa conversion avait exercé une très grande influence sur sa vie et son œuvre. Ce jour de Noël 1886, à Notre-Dame, il fit l'expérience d'une illumination inoubliable, d'une révélation ineffable. Il faudrait parler d'une sensation presque physique du surnaturel. Nul autre poète n'a, semble-t-il, au même point que Claudel, le sentiment que la réalité a une dimension divine. Les choses ne sont pas divines, comme il l'explique dans *Présence et prophétie,* mais Dieu est en toutes choses, ou toutes choses sont en lui, comme le dit saint Paul. La démarche poétique de Claudel est une tentative de saisir l'univers « dans son rapport à la volonté créatrice », comme l'écrit Dominique Millet-Gérard, citant un passage d'un article de Claudel sur Mallarmé : « Nous savons que le monde est en effet un texte et qu'il nous parle, humblement et joyeusement, de sa propre absence, mais aussi de la présence éternelle de quelqu'un d'autre, à savoir son créateur[1]. » De plus, la présence de Dieu dans la vie de l'être humain n'est pas seulement de l'ordre du fait, mais de celui de l'action. La venue de Dieu dans le monde a transformé la situation de l'être humain. Dieu n'est pas venu parmi nous pour « nous orner. Il venait nous sauver. Il ne venait pas nous réformer. Il venait nous transformer[2]. »

1. Dominique MILLET-GÉRARD, *La Prose transfigurée,* Paris, PUPS, 2005, p. 38.

2. « Le sentiment de la présence de Dieu », dans *Le Poète et la Bible*, I, Paris, Gallimard, 1998, p. 392.

Le Dieu de Claudel n'est pas une abstraction, il n'est pas le Dieu créateur qui projetterait le monde dans l'être et cesserait de s'en occuper. Bien au contraire, il reste en contact très étroit avec lui. Comme le dit le poète dans *La Messe là-bas* : « Sur les choses qu'il a créées ne cesse pas l'interrogation de l'Esprit. » Les nombreux commentaires bibliques examinent de mille façons les rapports de Dieu à l'homme sur le plan de l'histoire et de la vie spirituelle. Ce que je voudrais examiner ici, c'est la façon dont, pour Claudel, la foi chrétienne, l'avènement du christianisme a entraîné des changements dans la culture, dans l'art, dans la civilisation.

Pour Claudel, l'histoire est influencée par l'action de Dieu, par la présence active de Dieu dans l'activité humaine. Il écrit dans *Du sens figuré de l'Écriture* : « La Rédemption ne s'est pas accomplie dans l'imagination, mais dans le temps et dans la réalité du fait[3]. » Plus loin, il parle d'une révélation qui se produit à l'intérieur de l'histoire, « quelque chose d'actif et de vivifiant qui nourrit et amène à maturité et manifestation le germe inclus dans le sol ». Un virus qui s'insinue dans l'histoire et la transforme[4]. Dieu est « au travail sur une échelle qui n'est pas la nôtre », mais il est présent, il est actif, et nous pouvons reconnaître les signes de cette présence et de cette action.

Il faut d'abord noter que pour Claudel, c'est le christianisme qui a fait l'Europe. Il parle de cette « grande foi », de

3. « Du sens figuré de l'Écriture », dans *Le Poète et la Bible*, I, p. 827.
4. *Ibid.*, p. 844, 867.

cette «grande doctrine», de cette «grande école d'énergie» qui a fait de l'Europe ce qu'elle est, qui fait que «nous sommes des Européens et non pas des Hindous et des Chinois[5]». Dans une lettre à André Gide, il a bien exprimé comment il voyait l'influence du christianisme sur la société, sur la civilisation : «Le christianisme, dit-il, n'est pas un élément de construction sociale comme la pierre et la brique inertes, il ne se prête pas comme un élément de construction inerte à toutes les fantaisies des architectes de rencontre. Il construit comme la vie par la fermentation, par le bouillonnement que produit dans notre vie et dans nos idées humaines ce germe qui leur est étranger, et que nous cherchons soit à éliminer soit à assimiler, sans jamais y réussir complètement. C'est le vin qui fait éclater les vieilles outres[6].» Il ne s'agit pas de conquête ou de domination, mais plutôt d'inspiration. Claudel écrit dans son commentaire du *Cantique des cantiques*, que l'Église a été donnée au monde pas pour le dominer mais pour l'épouser.

Le premier effet de la foi chrétienne, c'est de faire prendre conscience à l'humanité de sa dignité éminente, puisqu'elle lui révèle que l'être humain vient de Dieu, qu'il est à l'image de Dieu, qu'il n'est pas emporté par le néant ou l'illusion. C'est cette suprême dignité de l'être qui est célébrée dans les *Grandes Odes* de mille façons. Le poète est

5. «Lettre au Temps», *Théâtre*, II, Paris, Gallimard, coll. «La Pléiade», p. 1410.
6. «Lettre à André Gide», *Correspondance Paul Claudel – André Gide*, Paris, Gallimard, 1949, p. 117.

délivré des idoles, de la mort, de lui-même. Il exulte d'une liberté inépuisable.

Dans une conférence à Baltimore, en 1927, Claudel indique trois profits que la religion catholique apporte à la poésie. Elle permet la louange, qui est le besoin le plus profond de l'âme, «la voix de la joie et de la vie». Elle apporte aussi le sens de la réalité, alors que le doute et le scepticisme étouffent la créativité. Enfin, elle donne à l'existence une dimension dramatique, car la vie humaine est investie par la foi d'une valeur prodigieuse. L'être religieux peut faire le bien et le mal et il peut atteindre son accomplissement dans la plus haute forme du drame, le sacrifice[7].

Mais Claudel relève une autre forme d'influence de la foi chrétienne sur l'art, sur la littérature, que je trouve tout à fait merveilleuse. Il ne s'agit pas ici d'idées ou de thèmes précis, mais de ce qu'on pourrait appeler une sensibilité, une manière de sentir et de se situer dans le monde, dans la création.

Un bel exemple de cette transmutation nous est donné dans le très beau texte «Développement de l'Église», qui forme le dernier chapitre de l'*Art poétique. A priori*, on peut se demander ce que vient faire ce texte dans un traité de poésie. Or il me semble qu'il est tout à fait à sa place.

Claudel écrit un art poétique, un traité de la connaissance de l'être. Or depuis la venue du Christ, Dieu est

7. *Positions et propositions*, dans *Œuvres en prose*, Paris, Gallimard, coll. «La Pléiade», p. 58-65.

présent dans le monde d'une façon nouvelle, particulière. Cette présence nouvelle de Dieu dans la vie des humains modifie leur relation entre eux, leur manière de se situer dans le monde, de vivre en société. La connaissance poétique, littéraire, artistique doit rendre compte de cette dimension nouvelle de la réalité. Ou si l'on veut, elle est conditionnée par cette nouvelle donne. C'est ce que le chapitre «Développement de l'Église» illustre de façon solennelle. Claudel montre que le temple ancien a été remplacé par l'église qui, du fait de l'Incarnation, est le lieu de la présence de Dieu parmi nous. Alors que l'action cultuelle, dans le monde ancien, restait extérieure au temple, l'église chrétienne est le lieu de la rencontre de Dieu et de l'homme, «la maison commune de Dieu et de l'homme introduit[8]». Claudel évoque, de façon grandiose, l'image des villes et villages de France regroupés autour de l'église ou de la cathédrale pour bien indiquer l'association de Dieu aux affaires humaines, ce qu'on appelle l'incarnation : «Ainsi l'on ne voit jamais dans nos vieilles villes la Cathédrale se dégager nettement des maisons où elle est comme prise… le plus large vaisseau gonflé par le souffle humain, l'église, *levait* de la ville et la ville naissait de l'église, étroitement adhérente aux flancs et comme sous les bras de l'Ève de pierre[9].» Et le reste du texte célèbre la naissance et l'épanouissement de l'architecture chrétienne des églises

8. «Développement de l'Église», dans *Œuvre poétique*, Paris, Gallimard, coll. «La Pléiade», p. 207.

9. *Ibid.*, p. 208.

et cathédrales qui constitue la forme grandiose de l'épanouissement de la chrétienté.

Dans un autre texte magnifique, de *L'Œil écoute*, « Vitraux des cathédrales de France », dans un mouvement d'admiration inspiré, Claudel explique que les vitraux des cathédrales célèbrent le triomphe de la chrétienté qui, après les longs siècles de persécution, s'épanouit en pleine lumière. « C'est fini, enfin, des catacombes, des contraintes et des humiliations de la persécution et de la barbarie ! Le moment est venu de chanter hardiment en plein ciel[10]. » Et plus loin il insiste : « La révélation chrétienne est venue apporter la dilatation et la lumière dans les cavernes obscures où ruminaient les anciens dieux en compagnie des animaux nocturnes[11]. »

Pour Claudel, le christianisme, la foi chrétienne n'est pas de l'ordre de la théorie, de l'idéologie, de la philosophie. Elle est de l'ordre de la vie, de l'expérience. La foi enveloppe et transforme toute l'expérience humaine et on ne peut plus la dissocier du terreau humain, de l'histoire. Ainsi, l'expérience chrétienne a engendré une nouvelle manière de penser, une nouvelle perception de la réalité, elle a découvert de nouveaux centres d'intérêt. Dans *Du sens figuré de l'Écriture,* Claudel évoque cet éclatement de la pensée chrétienne qui, aux premiers siècles de l'Église, rayonne d'une spiritualité absolument inédite : « Et alors au travers d'une Méditerranée de paroles, du Levant au

10. « Vitraux des cathédrales », dans *Œuvres en prose*, p. 324.
11. *Ibid.*, p. 324.

Couchant, et jusqu'à la brumeuse Irlande de toutes parts interrogée par l'écume, s'inaugure l'œuvre immense des Confesseurs et Docteurs. Des feux de toutes parts se sont allumés et le rayon se croise avec le rayon. À l'Orient, c'est Chrysostome et Basile à Constantinople, Jérôme à Jérusalem, Origène, Athanase et Clément à Alexandrie, en Italie, c'est Ambroise, Grégoire et Léon, Hilaire en Gaule, et dans l'extrême Afrique Augustin à lui tout seul comme un Atlas qui porte le ciel sur ses épaules et qui de l'orteil ouvre les portes de l'Océan[12]. » Ces textes merveilleux de Claudel illustrent en quelque sorte les affirmations magnifiques d'un théologien comme Hans Küng : « L'action de Dieu n'est pas juxtaposée à l'histoire du monde, mais *insérée* dans l'histoire du monde et de l'agir humain[13]. »

Cette observation de Hans Küng pourrait servir de commentaire à l'ensemble de l'œuvre de Claudel. Et ce que le théologien traite de façon doctrinale, le poète le reconnaît dans le grand livre de la création et de l'histoire. Si la poésie est pour lui imprégnée de la présence du Dieu incarné, son théâtre, selon l'expression d'un commentateur érudit, Xavier Tilliette, fait voir « l'effraction du divin dans les affaires humaines ». Il serait intéressant de lire dans cette perspective l'excellent article de Monique Alexandre

---

12. *Le Poète et la Bible*, I, p. 868.
13. Hans Küng, *Être chrétien*, traduit de l'allemand par Henri Rochais et André Metzger, Paris, Seuil, 1978, p. 337.

sur l'interprétation de la Bible et des Pères par Claudel[14]. Mais c'est au théâtre de Claudel que je m'arrête ici.

Le théâtre est axé sur les relations entre les êtres humains. Ces relations sont vécues dans le temps, dans l'histoire. Les grands drames de Claudel ne relèvent pas de ce qu'on pourrait appeler l'analyse psychologique, ils traitent plutôt du sens de l'existence humaine, de l'implication des humains dans les grands mouvements de la culture et de la civilisation. L'une de ses premières pièces, *La Ville*, met en scène la ville elle-même. La ville comme un personnage qui ne sait ce qu'il est ni où il va. La ville, la société moderne, porte en elle-même le germe de la mort. Claudel détestait la société matérialiste du début du siècle. Il avait la ville moderne en horreur. Il ne croyait pas aux utopies, à un monde où la paix triompherait. Le paradis n'est pas de ce monde. Le royaume des cieux est parmi nous, au-dedans de nous, mais il est secret, discret. Les mauvaises semences poussent comme les bonnes dans notre monde. À la fin seulement les choses seront clarifiées, un jugement sera porté. En attendant, il faut vivre avec les êtres humains tels qu'ils sont. Mais nous vivons dans le temps de l'Apocalypse. La catastrophe est à l'horizon. Avare, dans *La Ville*, prophétise :

> Quand les villes, pleines d'âmes, flamberont !
> Oui, oui ! Je sais ce que je dis !

14. Monique ALEXANDRE, « Le Poète et la Bible. Paul Claudel continuateur des Pères », *Bulletin de la Société Paul Claudel*, nº 185, mars 2007, p. 10-34.

> On raconte que jusqu'ici
> Les gens mouraient un par un au long travail. Mais
>   maintenant
> Ils descendent tous ensemble,
> Ils tombent en bas comme des feuilles, comme des bandes
>   d'oiseaux !
> Et ce jour-là n'est pas loin. Adieu[15].

Ce jour-là ! En effet. Bientôt ce sera la Première Guerre mondiale, et la deuxième, et Hiroshima, et Nagasaki, etc.

L'histoire est tragique. Dieu y est présent, mais de façon mystérieuse. Son action est insérée dans l'histoire du monde, affirment les théologiens. La réflexion de Claudel sur la ville, exposée dans *Tête d'Or*, dans *La Ville*, trouve son couronnement dans les commentaires sur l'*Apocalypse*.

Les personnages de Claudel, on le comprend, n'appartiennent pas au monde de l'analyse psychologique ou de l'introspection. Ils sont en relation les uns avec les autres dans l'ordre de l'être, de la réalité sociale, de l'histoire, d'une « économie » voulue par Dieu, l'économie de la rédemption qui associe l'être humain à une œuvre qui le dépasse et qui peut aller jusqu'au consentement au sacrifice. Il faut être conscient de cette perspective si l'on veut entrer dans le monde de *L'Annonce faite à Marie*, de la trilogie, du *Soulier de satin*. Violaine n'est pas Chimène. C'est par son sacrifice et non par son héroïsme qu'elle sauvera sa sœur Mara et accomplira elle-même sa destinée. Le Rodrigue du *Soulier de satin* n'est pas le Rodrigue de Corneille, héros et

---

15. *La Ville*, dans *Théâtre*, I, Paris, Gallimard, coll. « La Pléiade », p. 309.

triomphateur de son ennemi, mais de son sacrifice naîtra un monde nouveau. De même, dans la trilogie, la sacrifice de Sygne s'insère dans l'avènement d'une société nouvelle. Claudel a étudié les auteurs anciens, Eschyle en particulier, qu'il a traduit. Mais son théâtre n'est pas régi, comme celui d'Eschyle ou de Sophocle, par la puissance sombre de la Fatalité. Claudel n'écrit pas des tragédies mais des drames, des actions dans lesquelles la Fatalité fait place à la Rédemption. Le mal n'est pas supprimé de l'histoire, il est assumé dans le plan chrétien du salut.

Il faut pousser un peu plus loin la considération du monde dramatique de Claudel. *L'Annonce faite à Marie* est une pièce de chrétienté. Dieu est présent dans la nature, qui est sa création. Mais l'ordre social est lui aussi imbriqué dans l'économie de salut de la chrétienté. Ce monde primitif est soumis à un équilibre discret mais non moins contraignant. C'est le sacrifice de Violaine qui sauve l'enfant de Mara et Mara elle-même, et Pierre de Craon l'architecte. Mais le domaine de Combernon lui-même ne tiendrait sans doute pas s'il ne veillait à l'entretien des religieuses cloîtrées de Monsanvierge. Et voilà que le père Anne sent que son pays est ébranlé. Il a résolu de se rendre en Terre Sainte, là où la Croix fut plantée.

> La voici qui tire tout à elle.
> Là est le point qui ne peut être défait, le nœud qui ne peut être dissous,
> Le patrimoine commun, la borne intérieure qui ne peut être arrachée,

Le centre et ombilic de la terre,
Le milieu de l'humanité en qui tout tient ensemble[16].

À la fin de la pièce, le père Anne revient de la Terre Sainte, c'est Noël, l'enfant de Mara est vivant, le domaine est florissant, le roi revient à Reims pour être couronné, le pays est sauvé.

L'Annonce faite à Marie nous reporte au cœur même de la chrétienté médiévale. Mais l'histoire continue, et aucune culture, aucune civilisation n'épuise le contenu du message évangélique. « Détruisez ce temple et en trois jours je le rebâtirai. » Le message de salut porté dans le monde suscite toutes sortes d'œuvres, de cultures et de civilisations, mais il ne s'identifie à aucune d'elles, et il faut sans cesse détruire le temple et le rebâtir. C'est cette démarche que Claudel étudie dans la trilogie, mettant en scène le passage de l'ordre ancien à l'ordre nouveau, ce que dans la perspective de mes chapitres précédents j'ai appelé le passage de la chrétienté à la modernité.

L'Otage se situe à un tournant de l'histoire. C'est la fin des sociétés aristocratiques auxquelles était liée l'Église d'ancien régime, et son remplacement par l'ordre nouveau représenté par Turelure. Ce dernier est loin d'être un saint, mais il appartient à l'histoire qui se fait, et il a besoin que les Coufontaine, qu'il a servis et qui lui doivent quelque chose, par l'intermédiaire de Sygne, transmettent à l'ordre nouveau l'inspiration qui les avait portés.

16. *L'Annonce faite à Marie*, Acte 1, Scène 1.

Et d'ailleurs, Turelure affirme avoir adopté la devise des Français : «*Quantum potes tantum aude*», «Ose tant que tu peux», devise qui est d'ailleurs au cœur de la spiritualité de Claudel lui-même[17], au cœur du christianisme. Ainsi, au cœur même de la Révolution, il y a quelque chose de chrétien. C'est dans un sacrifice très lourd que Sygne consent à épouser Turelure. Cette révolution secoue profondément les bases de la société occidentale, comme on le voit dans la deuxième pièce, *Le Pain dur* – la vraie vie est absente, dit Lumir[18] –, mais au terme du processus, dans *Le Père humilié*, le pouvoir spirituel retrouve sa place dans l'ordre nouveau. Nous ne sommes plus en chrétienté, c'est-à-dire dans une société où le temporel et le spirituel se confondent, mais dans un ordre nouveau, l'ordre moderne dans lequel chacun des deux est autonome. Il faut revoir les trois pièces de la trilogie dans cette perspective pour saisir à quel point Claudel est hanté par le problème du sens du déroulement historique du point de vue du croyant.

La trilogie est donc un drame historique, axé moins sur des personnages historiques que sur le sens de l'histoire. Ce qui intéresse ici le poète, c'est le sens de la révolution qui a marqué la fin d'une époque, celle de la chrétienté, et l'avènement, dans la violence et la sauvagerie, d'une autre époque, celle de la modernité. L'ordre ancien est périmé, mais l'ordre nouveau s'intègre lui aussi au plan de Dieu, dont le pape est ici le témoin et l'agent incontournable,

17. Paul CLAUDEL, «Lettre au Temps», dans *Théâtre*, II, p. 1410.
18. *Le Pain dur*, dans *Théâtre*, II, p. 471.

au-delà des convulsions ponctuelles et anarchisantes. Le sacrifice de Sygne n'a pas été inutile. Même si l'ordre nouveau a substitué le droit à la gratuité, même si la secousse révolutionnaire a provoqué un vide, la pérennité du spirituel est assurée.

Avec *Le Soulier de Satin*, on revient en arrière, au temps de la Renaissance. C'est l'époque où le monde chrétien se déchire entre catholiques et protestants, mais c'est aussi le moment de la découverte de l'Amérique, que Claudel voit comme l'occasion de l'expansion de la foi chrétienne par toute la planète. Ici encore, le sacrifice, celui de Prouhèze et celui de Rodrigue, est au centre de l'action, et l'acceptation de ce sacrifice rendra possible la naissance d'un monde nouveau. Un monde nouveau, l'Amérique, mais qui est aussi le monde moderne. Dès la levée du rideau, l'Annoncier nous avertit qu'au théâtre, nous manipulons le temps comme un accordéon, à notre plaisir. Les heures durent et les jours sont escamotés. Le temps n'a pas le même sens que dans la vie réelle. Le vice-roi de Naples ne distingue plus très bien le passé du présent. Ses souvenirs sont comme le ruisseau. Il ne sait plus s'ils sont en avant ou en arrière. Ailleurs, c'est Don Rodrigue qui évoque « le grand Napoléon autrefois, d'un seul regard, enfantant Luce de Lancival[19] ». Nous ne sommes plus à la Renaissance, mais quelque part dans la modernité. À Dieu, dit Claudel, toute l'histoire est présente en même temps. Au dramaturge de même. C'est ainsi que *Le Soulier de Satin*, qui se déroule à

19. *Ibid.*, p. 927.

la Renaissance, évoque l'avènement de la modernité, de la globalisation. Dans un article, Antoinette Weber-Caflisch montre bien que Claudel, dans sa pièce, poursuit une réflexion sur l'Europe d'après la guerre de 1914[20]. Ce texte fait bien ressortir la complexité de la pièce et laisse ouvertes certaines questions sur la colonisation, le progrès, la participation de l'Église aux grandes opérations de la civilisation. *Le Soulier de Satin* se déroule au XVIe siècle. Il se déroule aussi au XXe siècle. En réalité, on y est dans le temps et en dehors du temps, l'éternité y transparaît un peu partout, comme des îles qui percent ici et là la surface lisse de la mer. La vie humaine se déroule dans l'histoire, mais elle échappe quelquefois à l'histoire. Les humains sont les acteurs d'un drame qui les dépasse. Pour Claudel comme pour les prophètes de la Bible, les événements sont comme des paraboles. Ils enseignent, ils sont chargés de signification. C'est pourquoi *Le Soulier de Satin* est ancré dans une époque historique, mais participe en même temps de la fiction. On y reconnaît un versant édénique et, en même temps, un arrière-plan apocalyptique qui nous rappelle que le poète est un fervent lecteur des prophètes… et s'adonnera bientôt à une lecture et à une méditation assidues de l'*Apocalypse*.

❖

20. Antoinette WEBER-CAFLISCH, « *Le Soulier de Satin*, utopie et critique du monde moderne : les conquistadors, le trouveur de quinquina et le capitaliste », *Bulletin de la Société Paul Claudel*, n° 185, mars 2007, p. 42-67.

J'ai essayé de montrer dans les pages précédentes que, pour Claudel, l'Occident a été édifié sur la croyance en une intervention de Dieu dans l'histoire, dans les affaires humaines, soit la croyance à l'Incarnation et à la Rédemption. Pour les incroyants, cette croyance relève d'un aveuglement ou de la crédulité. Pour beaucoup de croyants, c'est un objet de foi, quelque chose qu'il faut bien accepter mais qu'on « ne comprend pas », et dont il faut laisser la gestion au clergé, aux théologiens. Cela n'a pas grand-chose à voir avec la culture, avec la vie intellectuelle. La culture est une chose, la religion en est une autre.

Or pour Claudel, l'art et la religion sont inséparables. Il écrivait en 1912 à Pierre Jahier : « La seule chose importante est la question religieuse, car je suis beaucoup moins un artiste qu'un chrétien se servant de l'art et de toutes les ressources de la parole pour l'œuvre que Dieu lui a confiée[21]. » Nul n'est plus étranger à la théorie de l'art pour l'art que Claudel. L'attitude poétique fondamentale de Claudel, comme l'explique Jean Starobinski, « c'est le consentement sans réserve à tout ce qui existe, à charge de rejeter le mal du côté du non-être, ou de voir en lui le serviteur involontaire du bien ». S'il se montre parfois agressif, si intolérant, c'est parce qu'il « ne désire pas seulement la totalité, mais veut encore que celle-ci soit régie par un certain *ordre*, dont l'homme est co-responsable[22] ». Pour

21. Lettre à Pierre Jahier, *La Nouvelle revue française*, Hommage à Paul Claudel, 1955, p. 628.

22. Jean STAROBINSKI, « Parole et silence de Claudel », *NRF*, 1955, p. 628.

Claudel, il n'y a pas la religion et l'art, la foi et la littérature, la poésie et la théologie. Il se dit poète théologien. Au lendemain de sa conversion, il se met à saint Thomas, dont il lit et commente les deux *Sommes*, et est tellement influencé et fasciné par la pensée de saint Thomas qu'il se dira « poète thomiste[23] ». Dominique Millet-Gérard a bien montré l'influence de saint Thomas sur Claudel, comment il s'est approprié la pensée du docteur médiéval. Elle pense la foi de Claudel en relation au thomisme, ce qui se défend. Pour ma part, il me semble que la foi de Claudel s'explique plus dans la perspective biblique que dans la perspective théologique. La Bible est le Livre de la Révélation. La théologie est une science. Son instrument est le syllogisme, alors que la Bible est de l'ordre de l'affirmation, de la Révélation, et son instrument n'est pas le syllogisme mais l'analogie. Dans une lettre à Gabriel Frizeau, Claudel écrivait, en 1912 : « Je veux aussi comme écrivain achever ma pensée sur ce mystérieux procédé de l'esprit qu'est l'image et le rapport des réalités spirituelles et matérielles appelé métaphore[24]. » Claudel a affirmé qu'au soir de sa conversion, il a ouvert la Bible pour ne plus jamais la refermer. Il dira que c'est en elle et dans la liturgie de l'Église qu'il a tout appris. La démarche de Claudel, ce n'est pas le raisonnement, c'est l'accueil de la Révélation. Dieu se révèle à lui, dans la liturgie, dans la Bible, dans la création. Dieu apparaît. L'Être se manifeste. Le poète accueille cette manifestation.

23. Dominique MILLET-GÉRARD, *op. cit.*, p. 173.
24. Cité par Dominique MILLET-GÉRARD, *op. cit.*, p. 194.

L'œuvre de Claudel se situe dans le prolongement de la Bible. Ce n'est pas sans raison qu'il a tant écrit sur l'Écriture sainte. Il ne construit pas un édifice intellectuel fondé sur un système, sur des arguments. Il regarde et traduit ce qu'il voit. Il écoute. Il observe. « Il y a quelque chose, dit-il, contre quoi la Bête avec tous ses artifices ne peut rien : c'est l'Océan et le Ciel étoilé[25]. » Le Christ, dit-il, n'a pas vaincu le monde « par des arguments, mais par une juxtaposition de la vérité[26] ». On pourrait dire que pour Claudel, l'Être se manifeste, apparaît. Il s'agit de l'accueillir. En continuité avec la révélation qui se fait dans la Bible, Dieu se révèle, se manifeste dans la réalité, dans l'être, dans sa création. Il est l'Être. La preuve de l'apparition, c'est elle-même. On ne prouve pas la lumière, on ne prouve pas l'évidence. On ne prouve pas la valeur de l'Amour qui est l'unique commandement, on l'accueille. Claudel, comme artiste, n'est pas un fabricant de bibelots. Il accueille la réalité. D'où l'importance de l'inspiration.

Pour la plupart des intellectuels, la vie intellectuelle est une chose, la vie de la foi en est une autre. Ce sont deux domaines juxtaposés. On ne trouve pas cette dichotomie chez Claudel. On pourrait dire qu'il est un auteur confessionnel. La vie spirituelle n'est pas seulement de l'ordre de l'intimité, du privé. Elle englobe tout. De même, il n'y a pas de fossé entre la vie intellectuelle et la vie de la foi. Les commentaires bibliques poursuivent l'examen de l'histoire

---

25. « L'Apocalypse de saint Jean », dans *Le Poète et la Bible*, I, p. 1048.
26. *Ibid.*, p. 1049.

qui est mise en scène dans le théâtre. Les données de la foi sont indissociables de la culture. Charles Journet écrit : « Sa confession de foi a éclaté comme une bombe au milieu des lettres françaises déchristianisées. Il a réintroduit par un coup de force le bloc des vérités révélées, dans un monde qui pensait les avoir exorcisées pour de bon[27]. »

La performance de Claudel, à ce point de vue, est particulièrement intéressante en ce qui regarde son traitement de Mallarmé et de Rimbaud. Claudel a fréquenté Mallarmé. Il a participé à ses mardis littéraires en compagnie de plusieurs autres écrivains. Il a conservé pour lui beaucoup d'estime, mais très tôt, il lui a paru que le symbolisme du maître n'accédait pas à une interprétation acceptable de la réalité. Claudel rapporte, dans une lettre à André Gide, que Mallarmé aurait dit à l'un des jeunes écrivains qui le fréquentaient : « Je suis un désespéré. » Et Claudel ajoute : « Car au fond Mallarmé était un mystique, il est resté prisonnier de cette vitre froide et nue qu'il n'a jamais su rompre[28]. » Mallarmé avait posé la vraie question : qu'est-ce que ça veut dire ? Mais il n'avait pas trouvé la réponse à son interrogation. Son « symbolisme » s'était avéré inopérant, ce que révèle à mon sens le fameux quatrain du magnifique poème « L'Azur » :

De l'éternel azur la sereine ironie
Accable, belle indolemment comme les fleurs

27. Paul CLAUDEL et Charles JOURNET, *Entre poésie et théologie. Textes et correspondance*, Genève, Ad Solem, 2006, p. 139.
28. CLAUDEL, « Notes sur Mallarmé », dans *Œuvres en prose*, p. 1468.

Le poète impuissant qui maudit son génie
À travers un désert stérile de Douleurs.

La démarche symboliste reposait sur une théorie qui éta-
blissait la connaissance sur une référence à une réalité
située au-delà de l'apparence ou de l'expérience, mais
Mallarmé ne pouvait identifier cette réalité à laquelle ren-
voyait la connaissance immédiate. La question était posée,
mais la réponse était introuvable. Pour ma part, je suis
porté à penser que la question posée par Mallarmé était
celle à laquelle l'Occident prétendait depuis des siècles
avoir trouvé la réponse, mais qu'il avait plus ou moins
oubliée, dans le chambardement entraîné par la dislocation
de la chrétienté. Mallarmé était un homme de culture occidentale ; il était pénétré de la longue tradition culturelle qui
plongeait ses racines dans la Bible et dans la culture chrétienne, mais il était coupé de sa source. Son interprétation
de la réalité restait donc suspendue. Ma lecture de la relation de Claudel à Mallarmé est celle-ci : quand Claudel
accueille la révélation lors de sa conversion, il retrouve en
quelque sorte la réalité à laquelle renvoie le système symboliste de Mallarmé. Il reçoit la réponse à la question de
Mallarmé : « Qu'est-ce que ça veut dire ? » C'est du moins
dans ce sens qu'il interprète par la suite la grande opération
qu'il effectuera dans sa démarche de conversion et d'appropriation de la foi et de la culture chrétiennes. Claudel ira en
quelque sorte au bout de la démarche de Mallarmé.

C'est ce que suggère, il me semble, le développement
de Dominique Millet-Gérard, quand elle met en relation

avec les préoccupations de Mallarmé sur le Livre comme suprême réalisation de l'esprit humain, les lumières sur cette question que Claudel va chercher dans la Bible et spécialement dans l'*Apocalypse*. Claudel adopte la poétique mallarméenne pour la fonder, « la réorienter et l'accomplir ». « À l'incantation, Claudel oppose l'Incarnation, caution d'une poétique qui s'ancre, non dans un pur jeu platonicien de reflets, mais dans la réalité d'un univers créé, analogique à la volonté de son Créateur[29]. » Et plus loin, elle écrit que la rencontre de saint Thomas lui permet d'« opérer la synthèse du Symbolisme littéraire et de l'analyse théologique[30] ».

Claudel apparaît ainsi comme un des grands représentants de la tradition chrétienne deux fois millénaire. Cette tradition avait été rompue lors de l'avènement du rationalisme des « Lumières », mais le xixe siècle était hanté par la nostalgie du passé, le sentiment du « paradis perdu[31] », et ne savait plus comment se situer par rapport à l'avenir. Claudel disait que la crise religieuse du xixe siècle n'était pas surtout une crise de l'intelligence, mais « la crise d'une imagination mal nourrie[32] ». J'ajouterais : une imagination pas soutenue, pas alimentée par la religion du fait de l'étiolement de la chrétienté. La démarche de Claudel consiste

---

29. Et ces passages magnifiques, *op. cit.*, p. 30-31, 35.

30. *Ibid.*, p. 220. Voir aussi p. 238.

31. Voir dans « Richard Wagner, rêverie d'un poète français », dans *Œuvres en prose*, p. 865.

32. « Lettre à Alexandre Cingria sur les causes de la décadence de l'art sacré », dans *Œuvres en prose*, p. 118.

fondamentalement à s'insérer dans un présent qui s'ajoute au passé, qui en est l'alluvion – pensons à cette attention insistante au temps, au présent, dans les premières œuvres, *Connaissance de l'Est*, *L'Art poétique* –, à explorer cette réalité dans toute sa profondeur, sa signification ontologique. Claudel a bien conscience de renouer avec la tradition occidentale millénaire et de réussir là où Mallarmé avait échoué : « Rien ne nous empêche plus de continuer, avec des moyens multipliés à l'infini, une main sur le Livre des Livres et l'autre sur l'Univers, la grande enquête symbolique qui fut pendant douze siècles l'occupation des Pères de la Foi et de l'Art[33]. »

Comme on le voit, la foi de Claudel n'est pas une démarche secrète, intimiste, coupée du monde. C'est bien plutôt une vision du monde enracinée dans l'histoire, assumant le passé et engageant l'avenir. Cette foi porte la conviction que « Dieu est au travail sur une échelle qui n'est pas la nôtre[34] ». Mais Claudel trouve que l'Occident a un peu perdu conscience de cette force qui l'habite. Il a oublié d'où il vient, ce qui l'a fait. Claudel déplore le divorce qui s'est produit entre l'art et la foi, entre la culture et le christianisme. Il regrette que la littérature classique ne soit pas d'inspiration chrétienne, de même que de très larges secteurs de la littérature moderne. Il reproche aux jésuites de mettre dans les mains des jeunes les textes païens au lieu de leur présenter des textes d'inspiration chrétienne. Claudel

---

33. Paul CLAUDEL, « Mallarmé », dans *Œuvres en prose*, p. 513.
34. « Annexes », *Le Poète et la Bible*, I, p. 1876.

est souvent revenu sur ce sujet[35]. Il n'en reste pas moins qu'il a beaucoup aimé et cultivé les Grecs anciens, Homère et Eschyle surtout, et Virgile, le principe des poètes.

Claudel est un croyant, il est catholique. Le catholicisme pour lui est le sens de la totalité. Le goût de la totalité. Cet homme est doué d'une curiosité et d'une culture absolument uniques. Passionné de littérature, d'histoire, de sciences naturelles, de géographie, d'Écriture sainte, il a voyagé par toute la planète et a habité dans plusieurs pays. Il est certainement le plus cosmopolite des écrivains français. Et cet homme, auteur d'une œuvre considérable, affirmait qu'il était avant tout un fonctionnaire, un diplomate.

Claudel regrettait que l'Occident oublie trop souvent ses sources chrétiennes, son inspiration, que le catholicisme soit trop souvent délayé dans une pâle spiritualité, de «la sciure de bois[36]», disait-il. Claudel était un ardent militant, parce que le christianisme est essentiellement militant. Il ne se résigne pas à la misère présente. Il désire le règne de Dieu. C'est ce que signifie la mort et la résurrection du Christ, l'événement central de l'histoire, qui inspire celle-ci jusqu'à la fin des temps. Cela signifie que c'est la vie qui l'emporte et non la mort. L'être humain doit s'associer à cette force de résurrection agissante dans l'histoire, force qui a fait l'Occident.

35. Voir, par exemple, l'excellent article d'Anne MANTERO, «Les XVIᵉ, XVIIᵉ et XVIIIᵉ siècles dans la bibliothèque de Claudel», *Bulletin de la Société Paul Claudel*, nᵒ 184, décembre 2006, et *Correspondance de Paul Claudel avec les ecclésiastiques de son temps*, tome 1, éditée par Dominique Millet-Gérard, Paris, Champion, 2005, passim et spécialement, p. 175, 177, 223, 472-473.

36. *Conversations dans Le Loir-et-Cher*, dans *Œuvres en prose*, p. 779.

8

Le problème du Québec

Les nations sont un peu comme les individus. Elles naissent, elles ont leur enfance, leur adolescence, leur maturité, leur mort. Bien des nations de l'Antiquité ont disparu à jamais. D'autres, comme la nation française ou la nation américaine, pour n'en nommer que deux, sont à leur apogée. Tiendront-elles le coup devant l'éveil des grandes puissances asiatiques?

Le Québec, que même le gouvernement fédéral reconnaît comme nation, s'appelait d'abord la Nouvelle-France, ensuite le Canada, puis enfin, le Québec, dont Marcel Rioux a bien fixé les traits dans son beau petit livre *Les Québécois*, paru dans les années soixante. Mais ce peuple, malheureusement, contrairement aux autres peuples d'Amérique, n'arrive pas à se prendre en main. Les États-Unis se sont émancipés de la métropole anglaise, à la fin du XVIIIe siècle. Les colonies espagnoles et portugaises de l'Amérique ont pris leur envol, mais le Québec, qui était une colonie française, est tombé sous la coupe de l'Angleterre d'abord, puis du Canada, qui n'est que le prolongement de l'Empire britannique. Cela fait un drôle d'amalgame, créant une ambiguïté difficile à dissiper. Le grand écrivain français Alexis de Tocqueville, qui vint en Amérique au XIXe siècle, se rendit à Québec, en 1831, où il visita un tribunal civil. Le spectacle auquel il assista lui fit écrire : « L'ensemble du tableau a quelque chose de bizarre, d'incohérent, de burlesque même. Le fond de l'impression qu'il faisait naître était cependant triste. Je n'ai jamais été plus convaincu qu'en sortant de là que le plus grand et plus irrémédiable malheur pour un peuple c'est celui d'être conquis[1]. »

Si Tocqueville revenait aujourd'hui, que dirait-il ? Que penserait-il de la situation qui nous est faite par le rapatriement unilatéral de la Constitution, par l'échec de deux référendums ? Que penserait-il du manque de fermeté de nos politiciens ? de la perplexité qui caractérise notre vie politique, sociale et culturelle ? Le Québec semble avoir perdu le goût de vivre, il se dissipe dans mille activités futiles, vulgaires, bruyantes. Nous avons au Québec le plus haut taux de suicide au monde chez les jeunes. Le taux de natalité est l'un des plus bas au monde. Nous détenons des records dans plusieurs domaines. Le décrochage scolaire est une plaie. Et l'on pourrait allonger la liste de nos déboires...

Que se passe-t-il au Québec ? Qu'arrive-t-il des descendants de ces gens qui autrefois ont exploré l'Amérique du

---

1. Cité par Marcel Rioux, *Un peuple dans le siècle,* Montréal, Boréal, 1990, p. 276-277.

Nord en tous sens, des descendants de ces bâtisseurs qui ont défriché la forêt et bâti le pays sur les rives du Saint-Laurent? Ce qui pour moi décrit le mieux le malaise dans lequel nous nous retrouvons actuellement, c'est la notion de crise d'adolescence. Le Québec connaît une crise d'adolescence dont il ne réussit pas à se sortir. On sait que beaucoup d'adolescents sont malheureux, perplexes, indécis, vivent en réaction contre leurs parents mais ne réussissent pas à s'en séparer, pensent au suicide et parfois s'enlèvent la vie.

La Révolution tranquille avait toutes les caractéristiques de l'adolescent qui prend conscience qu'il existe : il croit que rien n'a existé avant lui, il s'imagine que le monde va changer avec lui. La Révolution tranquille a éclaté dans l'enthousiasme pour se transformer peu à peu en une capitulation tranquille, une « dénationalisation tranquille », dit Mathieu Bock-Côté.

Vers 1960, on pouvait penser que l'adolescent allait s'affranchir, qu'il quitterait la maison paternelle, ou plutôt la maison de la belle-mère. On lui signifia même, en 1982, qu'il n'était pas le bienvenu, on le mit à la porte, mais il persista dans son entêtement à rester à la maison. Lors des deux référendums de 1980 et 1995, lors de Meech, on lui expliqua qu'il s'était fait avoir, mais il s'empressa d'oublier ces escroqueries. Cela l'excusait de rester au foyer, de ne pas se prendre en main.

La situation du Québec dans le Canada est étrange. Le Canada fait tout pour que le Québec le quitte et en même temps, il ne veut pas le laisser partir, croyant qu'il finira bien par l'assimiler, le fondre dans l'ensemble canadien. Il faut comprendre que le Québec pourrait bien se passer du Canada, mais pas le Canada du Québec. Ne serait-ce que d'un point de vue purement géographique, un Canada coupé en deux par le Québec, comme le reconnaît un anglophone, Thomas Sloan, ne serait pas viable. Advenant l'indépendance complète du Québec, il arriverait au Canada ce qui s'est produit au Pakistan : ce pays s'est rapidement disloqué après la partition de l'Inde, pour former deux États distincts, le Pakistan et le Bangladesh. Ainsi, le Québec est voué à maintenir le Canada qui veut l'avaler.

Plus précisément, ce qu'il faut comprendre, c'est que le Canada est fondamentalement construit sur l'hypothèse de l'assimilation à longue durée du Québec par le Canada. En 1867, l'intégration du Québec au Canada ne s'est pas faite de façon démocratique, par voie de référendum, par exemple. Cette intégration a été réalisée par le moyen de l'action politique et s'est perpétuée comme un rouage bien huilé par le moyen de la petite loterie qu'a si bien décrite Stéphane Kelly dans son livre *La petite loterie*, ou par ce qu'André Laurendeau avait appelé le recours au «roi nègre». Les Trudeau, Chrétien et compagnie ne manqueront jamais. Jamais un Canadien anglais n'aurait pu traiter le Québec comme l'ont fait Trudeau et Chrétien.

En réalité, la Confédération a privé le Québec de tout pouvoir politique véritable, de tout pouvoir politique national. Les décisions politiques canadiennes se prennent à Ottawa. Nous y sommes en minorité. Comme le montre très bien Pierre Vadeboncoeur dans son excellent petit livre *La dernière heure et la première*, nous avons ainsi été mis en marge de l'histoire. On comprend que le Québec soit mal à l'aise dans le Canada, qu'il s'y sente menacé et entretienne des velléités de s'émanciper. Lester B. Pearson avait compris la situation, me semble-t-il, et il avait jugé qu'après cent ans il fallait remanier le pacte confédératif. Si, à ce moment-là, on avait corrigé l'Acte de l'Amérique du Nord britannique de 1867, et fait du Canada une vraie fédération, disons à l'européenne, la situation du Québec aurait été tout à fait différente. Mais on sait ce qui est arrivé ! Le « petit roi nègre » Trudeau prit le pouvoir et s'empressa d'imposer les vues impérialistes de la métropole.

La grande majorité des Québécois d'aujourd'hui semblent oublier que le rapatriement unilatéral de la Constitution par Trudeau en 1982 a été rejeté à l'unanimité par l'Assemblée nationale. D'une certaine façon, le Québec n'est pas dans le Canada, tout en y étant. Ajoutez à cela le vol du référendum de 1995 et le scandale des commandites. J'écris ceci en octobre 2007. Je lis dans les journaux que Jean Charest se maintient au pouvoir grâce au vote des Québécois anglophones et des néo-Québécois. Il a besoin, pour demeurer au pouvoir, de l'appui de seulement 15 à 20 % des Canadiens français, qui forment la très grande majorité du peuple québécois. C'est une situation frustrante pour ceux et celles qui ont fait ce pays, mais on n'en a pas trop conscience. Cela est confus, on s'accommode d'une non-existence débilitante. Nous assistons au Québec à la déliquescence d'un long acquis historique, d'une culture, d'une conviction, d'une volonté d'être et de durer. Nous sombrons toujours un peu plus dans l'informe.

Et que font nos politiciens dans ce contexte? Ils regardent passer la procession. Ils assistent au spectacle. On nous impose une Constitution que nous ne voulons pas? Il n'y a rien là. La vie continue. On nous vole un référendum? Chut! Pas de vagues, s'il vous plaît! Etc. Déjà, Lionel Groulx affirmait autrefois que nos hommes politiques, qui acceptaient les ententes comprises dans le pacte confédératif, ne savaient pas en tirer tous les avantages qu'ils auraient pu. Quand j'observe la conduite de nos politiciens ces dernières décennies, je me dis que nous n'avons pas tellement évolué depuis le temps de Duplessis. Quand j'écoute nos hommes et nos femmes politiques, je me dis que nous en sommes encore au nationalisme de cette époque, que Pierre Vadeboncoeur a si bien décrit: «Le nationalisme, chez nous, est une faible ébauche de mouvement vers le pouvoir. Il ne convoite cependant pas le pouvoir; il existe comme un pouvoir abstrait et méditatif en marge du pouvoir réel et actif, et chacune de ses recrudescences représente un mouvement instinctif, mais aveugle et tout à fait irrésolu, vers le pouvoir.» Ce texte date de 1952, il est cité par Yvan Lamonde[2], qui cite de nouveau Vadeboncoeur un peu plus loin: «Vaincus, trop incertains de notre destinée,

2. Yvan LAMONDE, «Est-on quitte envers le passé? Borduas, Vadeboncoeur et le dénouement de "Notre maître le passé"», *Les Cahiers des dix*, n° 60, 2006, p. 221.

minorité, nous avons contracté le pli de ne pas aller au bout de notre volonté. » C'est déjà le Parti québécois dans toute sa vérité ! Plus loin, après avoir affirmé qu'il faut rompre, Vadeboncoeur affirme : « Mais rompre est un acte violent, au-delà duquel il y a risque de ne pas retrouver d'assiette[3]. » Voilà le problème du Québec depuis les bouleversements de la Révolution tranquille !

Le Québec actuel présente tous les signes de la crise d'adolescence. Il voudrait s'affranchir, mais n'ose pas. Il s'affirme et se nie en même temps. Le Québécois se sent étranger dans son propre pays, comme l'adolescent dans la maison de sa belle-mère. Il est insatisfait, mais ne sait pas ce qu'il veut. Il est aussi mal à l'aise envers son passé qu'envers son avenir. En fait, il ne sait pas qui il est finalement, il n'a pas de statut stable. Il fait des lois et d'autres les tripotent à leur aise. Pensez à la loi 101. On lui impose dans le continent un statut qu'il n'a jamais accepté. Et on voudrait que les Québécois soient fiers d'être Québécois !

Je ne comprends pas le sens d'un certain discours nationaliste axé sur la fierté. Je pense à cet étudiant qui ne voulait pas étudier l'histoire du Québec parce qu'elle était constituée d'une série d'échecs. Il préférait l'ignorer et, en un sens, je le comprends, car depuis 1760, notre histoire n'est pas de nature à susciter de la fierté. Je ne dis pas qu'il ne faille pas l'étudier, bien au contraire ; mais si nous l'étudions, que ce soit pour comprendre ce qui se passe actuellement, pas par fierté. De quoi les Québécois seraient-ils

3. *Ibid.*, p. 225.

fiers? de l'échec de deux référendums? des commandites? du rapatriement unilatéral de la Constitution contre la volonté unanime de l'Assemblée nationale? du démantèlement de Mirabel? de la piètre performance de notre système de santé? de la crise qui secoue le système d'éducation? du délabrement de la langue française au Québec? du saccage de la Loi 101 par la Cour suprême du Canada? Et si nous remontons plus loin encore, pouvons-nous être fiers de l'écrasement des Patriotes par des gouverneurs et des militaires sanguinaires? Je pense aux Patriotes. N'est-ce pas être un peu sadiques que d'être fiers de gens qui se font tuer pour avoir combattu pour le respect des droits démocratiques? J'ai beaucoup de compassion pour eux, leur échec est le mien, et ce n'est que lorsque le combat qu'ils ont entrepris arrivera à son terme que nous pourrons être fiers de ce qu'ils ont entrepris. Est-ce que je peux être fier de l'imposition de l'Acte d'Union qui nous forçait à acquitter les dettes de l'Ontario, qui nous imposait le même nombre de députés que l'Ontario alors que nous étions plus nombreux qu'eux? de la Confédération qui nous a été imposée sans référendum, sans consultation populaire? Et l'on pourrait continuer longtemps. Le temps n'est pas à la fierté, il devrait être à la lucidité et à la fermeté. Ne me parlez pas de fierté, mais de détermination, de volonté d'indépendance, de défis à relever. C'est lorsque nous nous serons pris en main que nous aurons raison d'être fiers. Alors seulement nous sortirons de la crise d'adolescence. «Si nous voulons devenir souverains, explique Louis Bernard, c'est d'abord pour nous-mêmes.

Non pour nous libérer des autres, mais pour être libres de nos choix[4]. »

◆

Notre Révolution tranquille est complexe, parce qu'elle comporte deux dimensions qui s'influencent. Elle a été pour nous le passage de la société traditionnelle à la société industrielle et postmoderne, et en même temps une démarche vers l'autonomie politique ou vers l'indépendance. Elle était une révolution nationale, l'aboutissement d'un long effort historique. Elle devait marquer la fin de la domination du Canada sur le Québec. Elle était l'occasion que l'histoire offrait au Québec de se prendre en main. Le Canada anglais a lui aussi fait son passage de la société traditionnelle à la société postmoderne, mais il n'avait pas besoin de mener le même combat politique que nous. Notre situation était donc beaucoup plus difficile que celle du reste du Canada, et elle continue à être extrêmement problématique. En 1960, le moment était venu de corriger le désastre de 1760. L'opération a échoué à cause du manque de détermination de nos politiciens. La tentative timide de se prendre en main s'est transformée en refus de soi, en refus de son identité, et spécialement de son identité profonde, son identité religieuse. Les conséquences d'une telle démission sont désastreuses. Un peuple n'existe pas sans une certaine conscience de son identité. Et comme le

4. Louis BERNARD, « Pourquoi le Québec libre », *Le Devoir*, 21 août 2007.

dit Jacques Grand'Maison, « on ne se crée pas une nouvelle identité à partir de zéro ».

Je m'arrête ici brièvement à cette perte d'identité religieuse qui affecte le Québec dans le sillage de la Révolution tranquille. D'abord, je suis mal à l'aise dans ce Québec qui refuse son identité chrétienne, qui en a fait une espèce d'interdit. Dans notre Québec « évolué », « libéré », il faut faire comme si nous n'étions pas de culture chrétienne, il ne faut pas parler de cela. On peut parler de l'islam, du zen, du bouddhisme, mais pas du christianisme, et surtout pas du catholicisme. Cela fait ringard, réactionnaire, de « droite », conservateur. Dans la deuxième moitié du XXe siècle, des écrivains, des gens des médias se sont occupés à démolir la culture chrétienne, à ridiculiser la présence de l'Église dans la société et dans l'histoire, et nous subissons actuellement les conséquences désastreuses de cette entreprise de démolition.

Je comprends que des gens n'aient pas la foi et je respecte tout à fait les options spirituelles de chacun. Mais je parle ici de culture. Les Québécois, les Canadiens français du Québec, qu'ils le veuillent ou non, qu'ils l'admettent ou non, qu'ils aient ou non la foi, sont de culture chrétienne. Ils ne sont pas de culture hindouiste ou bouddhiste ou musulmane, ils sont de culture chrétienne ou ils ne sont rien au point de vue culturel.

Encore une fois, je ne parle pas ici de la foi, je parle de la culture, au sens où je l'ai considérée au chapitre cinq. La culture n'est pas que jeu d'esprit ou raffinement. Elle assume et consacre la relation de l'être humain au monde, la relation de l'individu aux autres individus, à la collectivité, la relation de l'être humain à l'univers, à la transcendance. La culture comporte un aspect religieux, tout comme la nation, parce qu'elle implique l'humain et son destin. Je ne parle pas de foi chrétienne ou autre. Je parle de principes, de valeurs, de convictions, de croyances qui sont le produit d'une longue expérience de la foi chrétienne. La culture, on pourrait prendre ici le mot au sens de civilisation, est toujours pour une part un héritage. Même si l'héritier renie ses parents, il dispose tout de même d'un bien dont il a hérité. Mais s'il refuse cet héritage, il est démuni. La culture québécoise est le produit d'une longue expérience chrétienne, et la négation de cette donnée est assimilable à une forme de suicide.

La culture implique l'idée de création de sens, d'intégration de l'être humain à l'univers, d'une certaine manière pour les humains de vivre ensemble. Or une nation, c'est un groupement humain qui a une histoire commune, des valeurs communes, une certaine culture commune. C'est pourquoi la nation comporte une dimension religieuse.

Ce qui s'est passé au Québec dans la deuxième moitié du xxe siècle, c'est ce qui s'est passé au même moment en Occident, dans la chrétienté occidentale. Chez nous cependant, cette mutation s'est conjuguée à une démarche d'affranchissement nationale, compliquant énormément le processus.

Prenons l'exemple d'un pays musulman, disons le Maroc, qui fait partie de la soixantaine de pays ayant obtenu leur indépendance dans la seconde moitié du xxe siècle. À cette époque, l'islam ne connaît pas la profonde mutation vécue par la chrétienté. Le Maroc s'affranchit de la domination d'une puissance étrangère pour se prendre en main, pour retrouver son autonomie. En même temps qu'une démarche de libération, cette démarche est une affirmation, une consolidation de son identité religieuse. Toutes les libérations nationales qui se sont produites au xxᵉ siècle n'ont pas été des réussites ; mais je suis d'avis que le mouvement de libération du Québec avait une caractéristique particulière qui rendait le processus confus et ambigu. Cela pourrait expliquer que la démarche de libération se soit transformée en une démarche de refus, de négation.

J'ai essayé de décrire dans mon sixième chapitre, « Feu la chrétienté », la transformation qui a affecté la chrétienté occidentale au seuil de la modernité. Cette transformation radicale devait affecter la société québécoise, car non seulement nous faisions partie de la chrétienté, mais la religion chrétienne représentait pour nous le château fort de la résistance. En 1760, la colonie canadienne est décapitée. Les cadres, la bourgeoisie, l'armée retournent en France. Ils sont remplacés par le conquérant, qui s'empresse d'exclure les Canadiens de la vie publique en imposant le Serment du Test. Le pouvoir nous échappe. L'Église dès lors apparaît comme la gardienne du peuple canadien, qui s'organisera en marge du pouvoir politique. Thomas Sloan affirme que le contexte de la Conquête fera de l'Église canadienne une Église « authentiquement nationale ». L'Église sera « le facteur décisif d'une réelle survivance de la culture française en Amérique du Nord ». Il explique que « le monolithisme dont le Canada français catholique a fait preuve au xx⁰ siècle exprime la réaction immédiate d'un peuple menacé face aux dangers de l'assimilation et de l'extinction. L'Église, dit-il, et la nationalité se rapprochèrent l'une de l'autre dans un but de protection mutuelle[5]. » Le sens de la Révolution tranquille, c'est de mettre fin à cette période historique pendant laquelle l'Église a en quelque sorte joué un rôle de suppléance. Les gens du Québec s'appellent maintenant les Québécois. Ils ont conscience de former un peuple, une nation, ce que le Fédéral refuse d'abord mais finit par accepter, ne pouvant faire autrement. L'État québécois prend le pouvoir. L'Église se démet de ses fonctions de suppléance dans le monde de l'éducation et de la santé. Commence alors une nouvelle époque, qui devrait déboucher sur l'indépendance. Cette échéance tarde à se réaliser, et ce retard explique la perplexité dans laquelle se retrouvent les Québécois.

Mais ce que je veux considérer ici, c'est la crise religieuse ou spirituelle qui affecte les Québécois dans cette démarche d'affirmation et d'émancipation. Il faut rappeler que l'Église n'était pas opposée à la démarche de fond de la Révolution tranquille. Elle en était plutôt un agent inspirateur actif. Comment expliquer dès lors que la Révolution tranquille ait entraîné une profonde désaffection de la religion catholique, une profonde désaffection du Québec à l'égard de son héritage spirituel ?

---

5. Thomas SLOAN, *Une révolution tranquille ?*, traduit par Michel van Schendel, Montréal, HMH, 1965, p. 48, 49, 47.

Je vois deux causes à cette désaffection, qui a pris l'allure d'une débandade. La première est ce que j'ai appelé précédemment le refus de soi du colonisé, le refus de son identité. Cela expliquerait pour une part que le Québécois ne s'intéresse pas à son histoire, qu'il se soucie très peu de respecter la langue française. Comme l'ont si éloquemment expliqué des penseurs comme Jacques Berque, Jean-Paul Sartre, Frantz Fanon et tant d'autres, le colonisé se méprise lui-même, et il ne peut échapper à cette aliénation qu'en accédant à l'autonomie, à l'indépendance. Ce qui est assez étrange, c'est que le Parti québécois, qui voulait réaliser l'indépendance, ne se soit pas soucié d'améliorer l'enseignement de l'histoire et de la langue française, qui constituent pourtant des facettes importantes de notre identité. La deuxième cause est liée à la conjoncture occidentale. Au moment où le Québec connaissait sa révolution historique, la chrétienté occidentale, dont fait partie le Québec, connaissait elle aussi une profonde mutation. Nous étions au Québec en pleine chrétienté. Or voici qu'en Europe, la chrétienté se remet en question, se désagrège. La crise est en quelque sorte reconnue et accréditée par le concile Vatican II, qui reconnaît que la vie chrétienne doit se moderniser. Vatican II reconnaît en quelque sorte que la chrétienté, au sens où je l'ai décrite précédemment, est périmée, que la vie chrétienne doit se donner une nouvelle expression. Le Québec s'insère dans ce mouvement. Chez nous, cependant, la Révolution tranquille, tout en étant un effort de nous prendre en main, est aussi une tentative de nous défaire d'une certaine image de nous-mêmes. Reprenons cette considération de façon plus explicite. Le colonisé musulman ou hindou se libère du colonisateur pour retrouver son identité. La révolution se fait contre l'autre. Au Québec, la Révolution tranquille se fait contre le colonisateur et, en même temps, contre une image de nous-mêmes, ce qui chez plusieurs se transforme en un rejet de notre identité.

Cette démarche pouvait se prêter à beaucoup de confusion et, de fait, elle s'est enveloppée de confusion. Les esprits chagrins et butés avaient beau jeu de tabler sur un malaise qui n'était que trop évident, d'aviver des frustrations persistantes, de proposer les interprétations les plus fantaisistes. Dans cette opération, la lucidité n'a pas été au rendez-vous. Certes, il fallait faire la critique de la société traditionnelle, mais il fallait éviter de provoquer chez le Québécois le rejet de son identité, le rejet de lui-même. Il fallait rejeter un vêtement, on a rejeté une identité. À l'ère des «libérations», il fallait se «libérer» de tout et de n'importe quoi!

On pourrait considérer l'opération sous l'angle du procès. D'ailleurs, dans le contexte de la modernité, la «mentalité de procès», comme l'appelle Milan Kundera, sied très bien aux grandes mutations de société. C'est tout naturellement que le débat public prit la forme d'un procès de la société traditionnelle, qu'on se plaisait à accuser sans considérer les nuances et les précisions qu'un véritable esprit critique aurait pu produire. Dans un contexte historique comme le nôtre, les simplifications grossières passent souvent pour des oracles et les grossièretés, pour des gestes courageux.

On peut aussi considérer l'opération sous l'angle du déroulement de l'histoire. «Celui qui est libre du passé est libéré», écrit André Comte-Sponville[6]. Il me semble que la plupart de nos nouveaux clercs seraient d'accord avec une telle affirmation. Pourtant, s'il est vrai qu'on ne peut traîner avec soi les frasques du passé, on ne peut cependant pas se débarrasser du passé comme on le voudrait. Le passé n'est pas une fiction, il est en nous, il fait partie de nous, nous sommes son œuvre pour une part. Nous ne sommes pas encore dans l'éternité. C'est le temps qui donne à notre être sa consistance. Rejeter son passé, c'est se refuser soi-même, et ce refus peut être catastrophique.

La relation des Québécois à leur passé est lourde de malentendus, de frustrations et de souffrances. Leur mémoire, comme celle de tous les peuples colonisés, est une mémoire malade. Elle considère l'histoire pour tenter d'expliquer son malheur, elle excuse les uns, accuse les autres. Autant tout oublier, ou essayer d'oublier. Je suis toujours étonné de voir avec quelle facilité, avec quelle rapidité les Québécois se sont accommodés du rapatriement unilatéral de la Constitution, du refus des Accords du Lac Meech, du vol du référendum de 1995, du scandale des commandites, et je ne remonte pas jusqu'à l'Union,

6. André Comte-Sponville, *L'Esprit de l'athéisme*, Paris, Albin Michel, 2006, p. 197.

qui nous a été imposée dans le mépris, de même que la Confédération! Les Québécois gardent le silence sur leur passé. Cela ne veut pas dire qu'ils l'oublient, mais plutôt qu'ils ne peuvent supporter le regard sur ce passé. Ils ont conscience qu'il s'est produit quelque chose d'injuste, sans trop savoir quoi. Mieux vaut oublier. Mais cela est impossible. On n'oublie pas une blessure, même si on ignore comment elle s'est produite. Elle est toujours là, et elle rend la vie inconfortable, elle compromet le bonheur. Le Québécois ne peut oublier son passé, et il le porte comme une blessure.

La Révolution tranquille, cela est bien évident, était nécessaire. Le Québec devait sortir de ce que j'appelle l'époque de la survivance, qui était étayée par l'Église. Mais c'était une opération délicate. Il fallait éviter, dans cette opération de correction, de tout bazarder. Or elle s'est faite de façon aveugle, anarchique, en même temps que se produisaient la révolution technologique, l'avènement de la postmodernité et la grande mue de la chrétienté. Tout ce qui existait devenait caduc. Il fallait s'accrocher à du nouveau, quel qu'il soit, se réinventer à partir de rien.

Celui qui a le mieux décrit la nature et les implications de cette mutation me semble bien être Pierre Vadeboncoeur, dans son livre magistral *Les deux royaumes*. Il est clair pour moi qu'il touchait au cœur même du problème, et si son ouvrage fut accueilli si sévèrement par certains, c'est parce qu'il mettait le doigt sur des fourvoiements qui n'étaient que trop évidents.

Vadeboncoeur écrit par exemple : « Être moderne, aujourd'hui, ce n'est pas être quelque chose, c'est n'être rien, préalablement. C'est être avant ce qui sera [...] C'est le *no man's land* de l'histoire, de la philosophie, de la politique, de la morale, de la culture, et aussi de l'humain... » Et plus loin : « Mais en réalité, non seulement a-t-on détruit le passé, mais ce faisant, on a détruit aussi quantité de passages vers l'avenir[7]. » La société s'est en quelque sorte vidée de son âme. Elle n'offre plus de « justification de la beauté », ni de l'amour, ni de la vertu, ni de l'esprit[8]. Vadeboncoeur met cette déperdition en relation avec l'apparition du scepticisme, qui est un produit du XVIIIᵉ siècle, ce qui me semble très juste, et du phénomène concomitant qui est la dissolution de la chrétienté. Avec la chrétienté se sont évanouis les « dogmes » qui avaient été « une forme de mémoire, un moyen de conservation et de transmission des symboles les plus élevés ». Ce sont eux qui « soutenaient la voûte du ciel de l'homme[9] ». En Occident et dans le monde, c'est la chrétienté, comme institution culturelle et historique, qui portait les raisons suprêmes, les « dogmes ». En s'évanouissant, en quelque sorte, la chrétienté a emporté avec elle les « dogmes », les valeurs, je dirais même les « raisons » qu'elle

7. Pierre VADEBONCOEUR, *Les deux royaumes*, Montréal, L'Hexagone, 1978, p. 183.

8. *Ibid.*, p. 192.

9. *Ibid.*, p. 48.

portait. On ne remplace pas du jour au lendemain cette armature spirituelle, cette structure culturelle.

J'écris ceci en novembre 2007. Les médias décrivent jusqu'à satiété la perplexité de la société québécoise, le délabrement du système d'éducation. Ces flétrissures sont le signe d'un délabrement profond de l'armature spirituelle. La chrétienté disparaissant, comment assurer la présence des « dogmes » à la conscience des humains ? Une société sans « dogmes » est comme un bateau non lesté. Le monde où s'était déployée la chrétienté se trouve, au moment où celle-ci dépérit, dans la même situation que les premiers chrétiens. Il doit inventer une nouvelle culture, qui sera produite par l'expérience du monde nouveau, expérience inspirée et transfigurée par la foi. Ce processus est déjà en marche et se perpétuera jusqu'à la fin des temps. Déjà les signes de la postchrétienté se manifestent. L'Église se renouvelle lentement mais sûrement. Ce que les discussions de la Commission Bouchard-Taylor nous ont peut-être révélé de plus précieux, c'est que le Québec populaire n'est pas ce que l'on imaginait. Les médias nous avaient habitués à penser que le peuple québécois avait complètement rompu avec son passé, qu'il avait renié son identité chrétienne. Or, ce qui est apparu plusieurs fois au cours des discussions publiques, c'est que le vieux fond catholique québécois ne s'est pas évanoui. Les auteurs Raymond Lemieux et Jean-Paul Montminy le confirment : « Le catholicisme québécois, à l'instar des autres confessions chrétiennes dans l'Occident sécularisé, est loin d'être moribond. Ses vérités, paradoxales, restent dans l'ombre, contrairement aux œuvres encadrant la culture autrefois. Elles n'en demeurent pas moins actives et profondément ancrées dans les terreaux humains[10]. »

C'est ma conviction que la foi chrétienne ne peut mourir. Elle reste vivante dans les cendres mêmes de la chrétienté et inspirera une nouvelle culture. Pas question toutefois de rafistoler des structures anciennes, de coudre des pièces nouvelles dans de vieux vêtements, de mettre le vin nouveau dans de vieilles outres. Dans l'ordre de la foi, l'histoire n'obéit pas aux règles du progrès continu, mais à celles de la mort et de la résurrection.

10. Raymond LEMIEUX et Jean-Paul MONTMINY, *Le Catholicisme québécois*, Québec, Les Éditions de l'IQRC, 2000, p. 122.

9

La postmodernité, puis après?

Assis à mon bureau au milieu de mes livres, je regarde le monde par la fenêtre. Un avion, comme un point mobile, traverse le ciel et disparaît dans les nuages.

Un jour, je ne serai plus là, et le temps continuera à passer, et la terre à tourner autour du soleil, et le soleil à parcourir la galaxie.

Qu'est-ce que la conscience? L'être humain sait qu'il existe, il est présent à un moment du temps, il est emporté dans le temps. Il sait que cette conscience n'est pas vaine puisqu'elle est une victoire sur le temps, comme celui qui descend de l'avion qui l'a transporté a conscience de triompher de l'espace.

Je regarde de nouveau par la fenêtre. Le monde est là. Il a fait un long parcours. Il passe et ne passe pas. Il est mouvement et stabilité. Il surgit dans l'être, il s'y installe. Il est emporté. Le temps est une longue recherche dans le devenir, une longue quête d'éternité. Il passe pour nous rappeler qu'il ne faut pas prendre les choses trop au sérieux, que nous ne sommes pas arrivés, qu'il ne faut pas nous installer dans nos idées, nos aises et nos appréhensions. Le temps donne et enlève. Untel existe, avec son gros nez prétentieux, ses cheveux hirsutes, ses mouvements brusques, ses airs désinvoltes, son histoire qu'il ne raconte à personne, et un beau jour on apprend qu'il n'est plus là. Le temps l'a emporté, avec son secret que nous ne connaîtrons jamais. Il aurait fallu nous y prendre plus tôt. Mais nous savons très bien que c'est là pure jonglerie. On ne peut remonter le temps. J'accueille le témoignage qu'il rend au désir, dont il est la confirmation et l'expression.

J'aime à me voir comme le confident du temps. Je ne suis ni un savant ni un expert, je suis un homme qui contemple le spectacle. Et il faut admettre que le spectacle change très rapidement. Et c'est très heureux. Des pratiques censurées hier sont aujourd'hui recommandées. D'autres, très prisées autrefois, sont de nos jours interdites. Il y a à peine une décennie, il ne fallait pas parler de discipline, dans le domaine de l'éducation, par exemple, si l'on ne voulait pas passer pour un grossier « ascète judéo-chrétien » ! Il ne fallait pas parler de l'intégration des immigrants à la communauté d'accueil, mais de multiculturalisme et d'harmonie des communautés culturelles. On ne parlait plus des aveugles, des sourds, des malades, des infirmes, mais des mal-voyants, des malentendants, des handicapés, des bénéficiaires. Le langage est un dérivatif merveilleux qui permet de voiler la réalité, de la faire oublier.

Que reste-t-il des grands moments de l'histoire, du bruit des batailles d'autrefois, de la gloire des empereurs ?

L'Antiquité, le Moyen Âge, la Renaissance, l'époque classique, la Révolution ne sont-ils pas pour nous que de vai-
nes fictions ? Les craintes, les joies, les angoisses, les désirs
de ceux que nous avons connus et qui ne sont plus ne
seraient-ils que fumée ? Quand je pense à ce gouffre du
temps qui nous a précédés, d'où nous sommes sortis, je
considère le fleuve qui coule devant ma porte et je me dis
qu'il ne serait pas là si des milliers de sources inconnues ne
l'alimentaient, à des distances invérifiables, guidées dans
leurs parcours sinueux par les seules déclivités du terrain
et l'appel de la mer.

Où va le temps ? Est-il possible de le savoir ? Est-il possible de prévoir l'avenir ? Renan, qui était très savant, s'y est
plusieurs fois essayé, et il s'est bêtement fourvoyé. « Viendra
un jour où l'humanité ne croira plus mais où elle saura »,
écrivait-il[1]. Ce jour est arrivé, j'imagine, et pourtant...
Mais écoutons-le encore : « Le jour n'est pas loin où tout ce
qui n'est pas sérieux et vrai sera ridicule[2]. » Nous devons
donc avoir accédé à une humanité très évoluée !

Mais plutôt que de nous intéresser à l'avenir, essayons
de saisir ce qui se passe dans le présent.

Ce qui pour une part définit le temps, c'est le changement,
le passage d'un moment à un autre, le déplacement dans

1. Ernest RENAN, *L'Avenir de la science*, Paris, Flammarion, coll. « GF »,
1995, p. 151.
2. *Ibid.*, p. 178.

le devenir. Le temps emporte tout. Notre époque en a fait une espèce de Dieu. C'est pourquoi elle « a divinisé l'histoire comme un avènement de l'homme libre[3] ». C'est pourquoi elle a développé le culte de la spontanéité, de l'instant. C'est pourquoi elle est obsédée par la nouveauté, en en faisant même une forme suprême de conformisme. Cela constitue une contradiction, mais l'époque n'entend rien à la contradiction, parce qu'elle est fermée à toute conscience de la continuité dans le temps. La superstition a remplacé la foi. L'homme nouveau, doté d'une conscience magique, croit que les choses sortent de rien, que la vie est un miracle perpétuel. L'homme nouveau croit à une génération spontanée universelle. Avant nous, il n'y avait rien ! Mais nous voilà, comme par l'effet d'un jaillissement aléatoire !

Cette expérience du temps est une conséquence de la domination de ce qu'Ursula Franklin appelle la mentalité technologique. La technologie impose à la civilisation nouvelle son rythme et ses exigences. Elle modèle la sensibilité, l'imagination, les habitudes de l'homme nouveau. Elle impose une expérience du temps axée sur le discontinu, le recommencement perpétuel, le nouveau. La machine n'a pas de mémoire, elle se définit par le refus ou la négation de ce qui l'a précédée. Dans l'ordre technologique, le nouveau remplace l'ancien. Le nouveau modèle de voiture rend caduc celui d'hier. La publicité a très bien saisi cette

3. François Furet, *Le Passé d'une illusion. Essai sur l'idée communiste au XXᵉ siècle*, Paris, Éditions Robert Laffont, Livre de poche, 1995, p. 127.

primauté du nouveau, et c'est sur elle qu'elle construit son discours.

À cette expérience du temps, il faut également rattacher, il me semble, la place démesurée que prennent les sports, j'entends les sports-spectacles, les nouvelles sportives, dans le monde nouveau. Il s'agit d'inventer des moyens de «passer le temps», c'est-à-dire de ne pas avoir conscience du temps, de la durée, du devenir; il s'agit d'échapper au temps, en se laissant emporter par lui.

Certes, le temps nous emporte et nous ne pouvons l'en empêcher. Comme lorsque nous voyageons en train. Le train nous fait passer d'un endroit à un autre. On peut se laisser emporter sans regarder par la fenêtre, sans se demander d'où l'on vient ni où l'on va. On peut aussi se comporter comme un voyageur qui aime à voir du pays, à visiter des contrées nouvelles et à essayer de les comprendre. Le voyage en train se prête aussi très bien à la lecture. On jette de temps en temps un coup d'œil par la fenêtre, on regarde couler les paysages, et on se replonge dans son livre. Le voyage en avion se prête moins à la lecture, parce que la promiscuité y est plus grande, il y a tellement de bruit et de mouvement. Ce n'est pas pour rien que les films qu'on nous présente sont si superficiels. Il s'agit de tuer le temps, de remplir le vide en attendant. Le mieux, c'est encore de se placer près du hublot et d'observer la terre de là-haut. Voilà une expérience profitable, agréable, libératrice. On voit le monde de haut, on saisit les grandes lignes de la géographie, le découpage de la terre par l'eau, ou le contraire. On franchit vallées et montagnes sans effort. On a l'impression d'être immobile, et pourtant, on se déplace à une vitesse vertigineuse. Voilà peut-être la plus belle image du temps qui n'est pas que changement, mais persistance.

Car le temps est changement, succession, mouvement. La conscience, par ailleurs, est dans le temps et pourtant elle lui échappe. Elle subit le mouvement, mais tente sans cesse de le dépasser, comme si elle n'y croyait pas. L'été, il nous semble que l'hiver ne viendra jamais. L'hiver, quand nous nous remettons à la suggestion de l'instant, nous pensons vaguement que la neige ne fondra jamais. Le jour, il arrive que la nuit paraisse un instant improbable. Nous avons conscience d'être dans le temps, de sorte que ce qui passe fait désirer ce qui ne passe pas. C'est à cette expérience qu'il faut rattacher la nostalgie de l'automne et les regrets de la vieillesse. Au fond, nous ne croyons pas tellement au temps. Les jeunes pensent qu'ils ne vieilliront jamais, les vieillards croient toucher une certaine stabilité. Nous sommes dans le temps, mais nous n'y sommes pas totalement. Nous vivons avec un sentiment confus mais non moins arrêté que nous ne mourrons pas. C'est pourquoi l'amour parle toujours d'éternité.

En effet, si le temps, d'une part, est changement, il ne peut d'autre part se concevoir sans une relation à l'éternité. Comme si l'instant tentait d'être éternel, n'y réussissait pas, et se reprenait sans cesse. Le temps en effet mesure l'être contingent, toujours recommencé, parce qu'il n'est pas l'Être, mais participation à l'Être.

Le temps existe parce que l'être fini, qui persiste dans l'existence, n'est pas adéquat à lui-même. Il est de la nature même du temps de passer, de se renouveler en changeant. L'eau qui est immobile croupit. Ce qui n'avance pas recule. Comme l'écrit Claudel dans un célèbre passage d'*Au milieu des vitraux de l'Apocalypse*, pour les choses, « le passage est la condition de l'existence[4] ».

Le temps passe, il emporte tout, dit-on. Et pourtant, il dévoile la réalité, il fait apparaître la vérité. Le temps est révélation. Il permet aux êtres finis de changer, d'évoluer, de donner leur rendement, d'étaler le sens. Roger Bodart écrit : « Les vérités mûrissent comme des fruits. Elles tombent au moment choisi par le rythme des saisons[5]. » Le temps dissipe les emballements et les fausses certitudes, les vérités illusoires, les conformismes oppressants. Il entraîne avec lui non seulement ce qui est faux, mais ce qui est futile, provisoire, de l'ordre des modes, des emballements, des prétentions. Il vient à bout des dogmes les plus têtus. Le grand soir communiste dont on nous rebattait les oreilles quand j'étais adolescent ne fait plus rêver personne. Le fameux Reich d'Hitler, qui devait durer mille ans, s'est dissipé comme feuille au vent. La dictature du prolétariat, le marxisme-léninisme, le fascisme ont disparu au profit de ce qu'ils étaient censés avoir remplacé, la propriété bourgeoise. Rien, dit Furet, ne subsiste des régimes nés d'octobre que « ce dont ils étaient la négation[6] ». La

4. Paul CLAUDEL, « Au milieu des vitraux de l'Apocalypse », dans *Le Poète et la Bible*, I, Paris, Gallimard, 1998, p. 158.

5. André GUIMBRETIÈRE, *Roger Bodard*, Paris, Pierre Seghers Éditeur, coll. « Poètes d'aujourd'hui », p. 45.

6. François FURET, *op. cit.*, p. 8.

rapidité avec laquelle les systèmes et les empires tombent fortifie notre espérance, la fonde. Un jour, l'Empire américain s'écroulera comme un château de cartes, et avec lui la civilisation de marché. Les aberrations qui hier se présentaient comme des tours de génie finissent par apparaître pour ce qu'elles sont. Les dictateurs qu'on applaudissait hier sont aujourd'hui conspués. Les modes loufoques qu'on adopte aujourd'hui apparaîtront demain pour ce qu'elles sont. Que diront de notre musique, de nos danses, les générations de demain ?

Pour saint Augustin, le temps n'est pas une coquille vide. Il est lesté. Dans le temps s'effectue la manifestation d'une réalité initiale. Dans son magnifique livre III du *De Trinitate*, chapitre 8, Augustin explique que « le monde est gros des causes des êtres naissants ». Et plus loin il écrit : « Les raisons de toutes choses, participation à l'unique Logos répandu et comme disséminé dans le monde, ont été créées à l'origine comme des semences qui devaient se développer progressivement en leur temps. » Le monde est en quelque sorte le rayonnement dans le temps d'une réalité immuable et inépuisable dont il révèle successivement les facettes.

Voilà peut-être le sens du fameux texte de *L'Ecclésiaste*, au chapitre trois, affirmant qu'il y a un temps pour tout sous le ciel : « Un temps pour enfanter, et un temps pour mourir ; un temps pour planter, et un temps pour arracher le plant... Un temps pour pleurer et un temps pour rire... un temps pour la guerre, et un temps pour la paix. » Le temps passe et ne revient pas. Il faut saisir tout ce qu'il nous offre dans l'instant. Si on laisse passer les occasions, on trahit le temps, on risque de le voir aller son chemin sans nous. Il est des rendez-vous qui sont historiques. Si on ne s'y rend pas, le temps continue son chemin sans nous. Cela est vrai pour les individus, mais aussi pour les peuples.

Le temps nous dit que le monde passe, qu'il n'a pas en lui sa raison suffisante, qu'il est produit, qu'il ne serait pas s'il ne s'alimentait à la Source, à l'Éternité. Saint Augustin affirme que les choses crient qu'elles ont été créées[7]. Elles crient que le monde ne s'explique pas par lui-même. Le monde est, mais d'une existence qu'il reçoit, qu'il ne fabrique pas, et qui le déborde. Le moindre insecte est une merveille, et il ne le sait pas. Saint Augustin explique que le monde a été créé par la parole de Dieu, qui est éternelle, qui n'est pas dans le temps. Non pas par des paroles, mais par une Parole, et ainsi tout est exprimé en même temps. Cette parole éternelle, le temps ne l'épuisera jamais. Tout est dit de Dieu en chaque créature. C'est pourquoi tout ce qui est est inexprimable, insondable. L'être fini ne pouvait être que temporel, mais sa temporalité même, qui est succession, dépendance, est un hommage à l'Éternel.

Le temps est une réalité protéiforme, insaisissable. On croit le circonscrire dans un concept, mais il ne se laisse pas

---

7. SAINT AUGUSTIN, *Les Confessions*, Paris, Flammarion, coll. « GF », 1964, p. 256.

saisir. La langue rend compte de cette complexité en attribuant au mot « temps » un nombre considérable de significations qui expriment les différentes façons pour l'être humain de se situer dans le temps ou par rapport au temps.

Je m'arrête ici à une expression très répandue évoquant la perception que l'être humain entretient de sa relation avec le temps. On dit : « Il faut être de son temps », « C'est un homme de son temps » ou « Il n'est pas de son temps ». Le « temps » est pris ici dans le sens « d'époque ». la personne qui n'est pas de son temps, c'est celle qui a les idées ou la mentalité d'une autre époque, celle qui n'a pas avancé avec le temps, qui a en quelque sorte faussé compagnie au temps. La personne qui est de son temps, c'est celle qui vit dans le présent. Mais qu'est-ce que le présent ? Est-ce l'instant ? Est-ce l'actualité ? Le moteur est dans le temps, mais il n'y est pas présent. On devrait plutôt dire que le moteur n'est pas dans le temps. Le présent est de l'ordre de la conscience ou il n'est rien. Être de son temps signifie assumer le mouvement de son époque, l'assumer humainement, consciemment. Il est possible d'être absent au temps, d'être emporté par lui sans s'en apercevoir. « Vivre dans le présent, écrit Mircea Eliade, signifie entrer en contact directement et intimement avec les forces *irréalisées*, informulées ; vivre l'histoire qui se fait et non pas celle qui se consomme[8]. »

8. Mircea ELIADE, *Océanographie*, Paris, Éditions de l'Herne, 1993, p. 169.

L'être humain d'aujourd'hui, me semble-t-il, se soucie peu du temps, du devenir. Il profite de l'instant, comme s'il était éternel. Il se laisse porter par le temps, il le «consomme» au lieu de l'assumer. Au moment où il faudrait économiser l'énergie non renouvelable, planifier la production pour éviter d'empoisonner la planète, nous vivons obsédés par l'immédiat, incapables d'envisager l'avenir avec intelligence. Toute notre attention va à la nouveauté. Le nouveau a toutes les qualités, il a valeur en lui-même. Le culte du nouveau s'impose et rend caduc l'ancien, il nie l'histoire et la bafoue. Il se désintéresse non seulement de ce qui a été, mais aussi de ce qui est, au profit de ce qui arrive.

Delacroix prétend que si ses contemporains cherchent tant la nouveauté, c'est parce qu'ils sont blasés. Pour lui, la recherche effrénée de la nouveauté serait un signe de superficialité. Nous ne voyons pas la qualité de ce qui est ; c'est pourquoi nous désirons toujours quelque chose de nouveau. Le temps n'est pas pour l'homme nouveau une occasion de s'enraciner dans l'être, mais un exercice de diversion de l'être.

Notre expérience de la liberté se situe pour une part dans cette perspective. L'assimilation de la liberté à la spontanéité, c'est-à-dire à un comportement étranger à toute relation à des normes, à un sens, à un ordre, me semble très significatif de la conscience de l'être nouveau et de la rupture avec la tradition judéo-chrétienne, mais aussi de sa conception du temps comme pur mouvement, comme dilution de la conscience dans le temps.

Pour l'homme nouveau, la «nature humaine» existe-t-elle? Les existentialistes nous ont appris à voir l'être humain comme un projet, comme un centre de liberté qui se construit. C'est une perspective exaltante, mais il est permis de se demander si l'homme nouveau se fait vraiment, ou s'il est fait par les objets qu'il fabrique, par la société qui l'entoure, ou tout simplement par les circonstances dans lesquelles il se trouve. Pour construire un édifice qui se tienne, ce n'est pas tout de le vouloir, il faut avoir un plan et des connaissances spécifiques.

La réforme de l'éducation, chez nous, ces dernières années, me semble très bien illustrer notre confiance illimitée en l'improvisation, au changement pour le changement. Il ne s'agissait pas de réformer l'éducation en fonction d'une norme ou d'une philosophie de l'éducation, mais de faire du nouveau.

J'ai lu récemment le livre de Jean Lacouture, *Jésuites*. Il y raconte l'histoire de la Compagnie de Jésus et en particulier, ce qui nous intéresse ici, l'élaboration de leur système d'éducation. Il présente quelques considérations sur la fameuse *Ratio studiorum*, qui était à la base de leur enseignement. Cet enseignement, très enraciné dans le mouvement de la Renaissance, était fondé sur l'humanisme chrétien, lui-même rattaché à l'Antiquité. On accordait une place importante au théâtre, pour donner aux jeunes «une culture, un comportement, une diction, une confiance en soi», à la rhétorique, à la connaissance du monde, au rôle du corps dans la formation. Quand on fondait un collège, on ne pouvait pas enseigner ou faire n'importe quoi. Il fallait se conformer à cette constitution, à cette *Ratio studiorum*.

Je me demande quelle *Ratio* est à la base des réformes pédagogiques au Québec depuis une vingtaine d'années. On amorce une réforme, on la met en marche, et quelques années plus tard, on fait autre chose. Au nom de quoi ? de la mode, de la nouveauté ? Il y a quelques années, on a décidé de se lancer dans l'audio-visuel. Vous pouviez voir les professeurs se promener dans les corridors avec des appareils de toutes sortes. On utilisait des films, des disques. Cela remplaçait les cours. Aujourd'hui, toute cette quincaillerie est mise au rancart et, poussés par un engouement nouveau, nous nous mettons à l'informatique. Au nom de quels principes pédagogiques ? Il y a quelques années, au cégep, dans certaines institutions, les cours de littérature étaient remplacés par des cours de communication. Qu'est-ce qu'on y donnait exactement ? Tout cela a été chambardé, abandonné.

L'exemple vient de haut. Nous avons un ministère de l'Éducation. Il suffit d'observer les politiques de ce ministère pour se faire une idée des incohérences qui paralysent le travail pédagogique. Chaque nouveau ministre arrive avec son plan, ses idées. Il démolit le chantier de son prédécesseur et établit le sien. Mme Robillard s'attaqua aux cégeps, alors qu'il aurait peut-être fallu commencer par la base ! Puis le ministre Garon mit le feu dans la brousse universitaire. Il avait à peine amorcé son «nettoyage» que Mme Marois lui succéda et tenta d'imposer sa propre réforme. Elle avait à peine posé ses pions sur l'échiquier qu'on la remplaça par François Legault, frais émoulu du monde des affaires, qui entreprit à son tour sa propre réforme. Et le même scénario recommence sans cesse, d'un ministre à l'autre, d'un parti à l'autre. Il faudrait qu'une personne perspicace fasse l'histoire de l'enseignement au Québec depuis trente ans, pour essayer de savoir quand et pourquoi on a un jour décidé de ne plus enseigner la grammaire aux enfants, de ne plus les faire lire et écrire. J'aimerais connaître les principes, s'il y en a, qui sont à la base des réformes.

Quand je réfléchis au traitement que notre société impose à l'éducation, je me dis que nous entretenons une espèce de foi aveugle au changement. Nous croyons que les formules nouvelles, du seul fait qu'elles sont nouvelles, sont meilleures que les formules anciennes ou actuelles. Ce qui est à l'œuvre dans cette opération, c'est une espèce de grande naïveté, une foi aveugle au miracle, la croyance que l'être surgit du néant.

Il faut se demander si cette même inconscience ne pourrait pas expliquer la légèreté avec laquelle l'homme nouveau traite l'institution de la famille. Il a fallu des millénaires pour mettre sur pied cette institution qui donne au couple une certaine sécurité, une certaine stabilité, lui permettant de partager les charges de la fécondité, de l'éducation des enfants. Hannah Arendt explique bien le rôle irremplaçable de la famille, milieu où l'enfant peut grandir en sécurité. «Ces quatre murs à l'abri desquels se déroule la vie de famille constituent un rempart contre le monde[9]. » Or, il semble qu'au xxe siècle, nous ayons décidé que la famille était une institution dépassée. Non seulement inutile, mais nocive. Gide considérait la famille et la religion comme les deux pires ennemis du progrès[10]. Cette ritournelle était reprise chez nous par les esprits forts. Les invectives de Jean Lemoyne contre la famille canadienne-française m'ont toujours paru manquer de mesure. Et la réforme allait bon train. Il fallait se débarrasser de toutes les vieilleries qui encombraient l'espace de l'épanouissement de l'individu. Les femmes n'étaient plus des mères de famille mais des êtres libérés. Il ne s'agissait plus d'élever des enfants, mais de faire carrière ! Je sais bien que ces problèmes sont complexes, mais je crains que dans le processus on n'évacue inconsciemment des sagesses que l'expérience des siècles nous avait léguées. Dans la société traditionnelle, la famille était la cellule première de la société. Soudain, nous la faisons éclater. C'est comme si nous minions les fondements de la société. L'éducation en prend un coup, l'économie et la vie sociale aussi. On invente les «familles monoparentales». On essaie de nous faire croire qu'il est indifférent que l'enfant grandisse avec ou sans la présence de ses deux parents. Pour une fois, je suis d'accord avec Nietzsche qui disait que ce qui caractérise notre époque, c'est le refus de l'éthique, que j'appellerais

9. Hannah ARENDT, *La Crise de la culture. Huit exercices de pensée politique*, Paris, Gallimard, coll. «Folio Essais», 1972, p. 239.

10. Voir Michel WINOCK, *Le Siècle des intellectuels*, Paris, Seuil, 1997, p. 226.

tout simplement le gros bon sens. Et parce que nous sabordons les bases mêmes de l'agir et de la conduite, nous sommes obligés de compenser par toutes sortes d'expédients, d'inventer des organismes de suppléance, de doubler et tripler les services pour soutenir un système qui craque de partout.

Est-il juste de situer ces problèmes dans la perspective de l'expérience du temps que connaît notre époque ? Pour l'homme nouveau, le temps est pur mouvement, une espèce de coquille vide. Il existe un sentiment implicite, confus, mais très répandu, qu'une foule de questions que l'on se posait autrefois ne présentent plus aucun intérêt, qu'on ne pense plus comme jadis, qu'on ne trouve plus de plaisir aux mêmes activités. Toutes les époques ont leurs emballements et leurs caprices, leurs aveuglements et leurs illusions. La nôtre est spécialement portée à ces travers du fait de la pression sociale, de la domestication des esprits et des imaginations entraînées par la diffusion rapide et massive des informations. Des croyances ou des préjugés naissent et se propagent, les uns promis à une disparition rapide, les autres à une longévité surprenante. Ainsi s'est peu à peu imposée l'idée selon laquelle les gens âgés ne pensent pas, ne comprennent pas, mais que les jeunes savent tout, qu'ils comprennent mieux la réalité. Comme si la qualité d'une idée avait quelque chose à voir avec la biologie ! Notre époque se nourrit de sophismes, de demi-vérités, de vérités sommaires, pourvu qu'elles soient nouvelles.

❖

On peut concevoir l'éducation comme l'initiation au temps. Elle vise à aider l'enfant à se situer dans le devenir, à se réaliser dans le changement, à devenir lui-même. L'éducation n'a pas pour but d'aider l'enfant à être « de son temps », mais de lui apprendre à connaître son temps pour se réaliser lui-même, et pour changer son temps. C'est dans ce sens, me semble-t-il, que Simone Weil a pu écrire : « Bien qu'aujourd'hui on semble l'ignorer, la formation de la faculté d'attention est le but véritable et presque l'unique intérêt des études[11]. »

Former la faculté d'attention, ou l'esprit critique de l'enfant, constitue la démarche fondamentale de l'éducation. Je devrais dire : « devrait constituer », mais passons. Je suis d'une autre époque. Autrement dit, il s'agit de l'initier à la liberté, de favoriser l'avènement d'un être libre, autonome. Je dirais que cette tâche est conditionnée, influencée par l'expérience du temps propre à notre époque. Je m'arrête ici à ce qu'on a appelé la *political correctness*, la « rectitude politique ». Je n'aime pas ce terme, mais je n'en trouve pas d'autres pour nommer ce qu'il désigne.

La « rectitude politique » se présente comme la fine pointe de l'actualité, de la nouveauté. En fait, elle est tout le contraire. Il s'agit d'une forme déguisée de refus du présent, de ce qui dans le présent est vivant, inédit. Une forme déguisée de refus du changement. Comme si le

11. Simone WEIL, *Attente de Dieu*, Paris, Fayard, 1966, p. 85.

mouvement se figeait. Comme si l'Être cessait de se renouveler. Elle traduit un effort de se garder du risque et de l'imprévu. Le terme français qui se rapproche le plus de « rectitude politique », c'est sans doute « conformisme ». La « rectitude politique » est la forme mondaine du conservatisme. La liberté s'en remet à un consensus. La vie cède la place aux automatismes.

Il faut ajouter que la « rectitude politique » est l'effet du grégarisme moderne, la négation même de l'individualisme. Elle est une conséquence des effets multipliés du processus mimétique dans une société où les médias envahissent toutes les sphères de l'activité humaine. Le petit village d'autrefois provoquait un conformisme qui venait de ce que le villageois vivait au vu et au su de tout le monde, et était lui-même témoin de tout ce qui se passait autour de lui. Le village médiatique est « global » ou « planétaire » comme on a dit, et les gens de pays très éloignés s'ajustent au regard des uns et des autres. Les adolescents japonais miment les adolescents américains dans leurs vêtements, leurs danses, leur musique. L'être humain d'aujourd'hui veut vivre comme tout le monde, alors il s'efforce de se vêtir comme tout le monde, de penser comme tout le monde. Il n'édifie pas lui-même sa pensée sur la vie, elle lui est communiquée toute faite par les milliers de messages et d'informations qui lui tombent dessus. Il n'a qu'à s'ajuster.

Il ne faut surtout pas s'imaginer que la « rectitude politique » épargne les intellectuels et les artistes. Ces gens ont besoin des suffrages de la multitude. Ils ont besoin d'être reconnus, applaudis. Ils prennent souvent leur connivence avec la foule pour de la lucidité. Ils croient facilement que les masses sont infaillibles et qu'ils en sont les hérauts, les interprètes.

Il faut voir la «rectitude politique» comme la forme postmoderne de la censure. Elle est plus hypocrite que la censure des sociétés autoritaires ou aristocratiques, car elle se présente comme la fine pointe du sentiment général. Elle n'est pas imposée par un pouvoir reconnu, identifié à une institution, mais elle émane d'un consensus implicite, non formulé. Elle est en réalité la censure des majorités, implacable, comme toutes les majorités. La suprême réussite de la «rectitude politique», c'est de faire croire que, dans nos sociétés évoluées, la censure n'existe pas, alors qu'elle s'affiche au grand jour sous une autre étiquette.

Dans nos sociétés totalement immergées dans l'immanence, la «rectitude politique» usurpe en quelque sorte le prestige de la transcendance, elle joue le rôle de substitut à la transcendance. On ne l'explique pas, on ne la conteste pas, on s'y soumet comme à la Nécessité. Elle est accueillie comme une protection contre les aberrations du changement et offre au citoyen décontenancé une assurance factice contre les vicissitudes du temps.

Mais peut-on parler d'immanence? Ce mot a-t-il encore un sens? Pour l'homme et la femme d'aujourd'hui, le monde n'a pas d'âme. Il est vu beaucoup plus comme une mécanique

que comme une manifestation de l'Être. Il n'est pas habité. Il n'est pas le rayonnement de l'Être. Il n'est pas un langage. Il est unidimensionnel. Il est une mécanique.

Le livre de Jean Ladrière, *Les enjeux de la rationalité, le défi de la science et de la technique aux cultures,* et celui d'Ursula Franklin, *Le nouvel âge technologique*, montrent très bien que la technologie impose son ordre propre à l'être humain. Elle n'est pas au service de l'humain, mais elle le met à son service. C'est elle qui impose à l'être humain ses normes, ses exigences. La technologie ne demande qu'à se développer, à remplacer une invention par une autre, une marchandise par une autre. Les inventions d'hier sont déjà démodées. Le développement technologique bouscule les structures, les normes de la société, il atteint l'âme même de la personne et engendre ce que Jacques Ellul appelle la «mentalité technicienne». L'esprit «technologique» influence même les «littéraires», qui réduisent les textes à des structures, la littérature à des théories.

Ce n'est pas pour rien que l'homme et la femme d'aujourd'hui ne parlent plus de l'âme, d'intériorité, de vie intérieure. Le mot culture a survécu, mais il n'a conservé que ses frusques. On parle maintenant de la culture du hockey, du baseball, du traitement du caoutchouc! L'éducation prépare des agents de la production industrielle, l'université n'est pas au service de la connaissance, mais du marché du travail et de l'industrie[12]. Et les médias célèbrent et

12. Voir le très beau livre de Michel FREITAG, *Le Naufrage de l'Université*, Québec, Nuit Blanche éditeur, 1995.

entretiennent la grande foire technologique avec une obstination qui n'a rien à voir avec l'humanisme et la rationalité. Le monde n'est pas le village planétaire qu'avait entrevu McLuhan, mais un marché planétaire dominé par l'argent. La mémoire n'existe pas. L'âme n'est rien. Il faut tout de même faire beaucoup de bruit pour ne pas l'entendre, au cas où elle réapparaîtrait. Le philosophe Jacques Dufresne parle de l'avènement prochain de l'homme robot. Pierre Vadeboncoeur parle de «l'homme improvisé». Je ne dirais pas improvisé, mais lobotomisé. L'être humain est devenu une roue dans le mécanisme de la production, un numéro dans la grande masse anonyme qui a remplacé le peuple. Le processus de désincarnation de l'être humain est accentué par le glissement vers le virtuel. La réalité n'est pas celle que les hommes et les femmes éprouvent dans leur corps, mais celle qui est produite sous forme d'images par les médias. Les fonctions humaines sont délestées de leur humanité. Tout est monnayable, depuis le sperme, les ovules fécondés, les fonctions sexuelles. Jacques Dufresne écrit : «La libération sexuelle est beaucoup plus l'expression de l'angoisse d'un être de chair et d'âme, qui souffre de se sentir devenir machine, que le signe d'un véritable abandon à la vie[13]. » Mais pour bien des gens d'aujourd'hui, de telles considérations sont incompréhensibles parce qu'ils sont déjà sortis de cette réalité étrange qu'on appelle l'humanité.

13. Jacques DUFRESNE, *Après l'homme... le Cyborg ?*, Québec, Éditions Multi Mondes, 1999, p. 125.

◆

Je m'arrête un instant à la considération de quelques aberrations qui caractérisent notre époque, qui se croit tellement évoluée !

Cette époque postmoderne se dit postmorale. Et de fait, elle est postmorale, mais malheureusement, au lieu de s'en affliger, elle s'en glorifie. Elle se glorifie de ne pas soumettre ses activités à des normes, de ne pas se soucier du sens. Elle s'accommode des pires aberrations et des injustices les plus grossières.

Je me pose souvent beaucoup de questions, par exemple, sur l'influence à long terme de la publicité à la télévision. Cette publicité n'informe pas, elle ne s'adresse pas au spectateur comme à un être pensant. Elle s'adresse au client. Elle ne lui propose pas sa camelote, elle lui assène son message, elle le réduit à la fonction de consommateur. La répétition remplace ici l'argument. Et il n'est pas nécessaire que ce soit un être humain qui s'adresse au spectateur, ce peut être un castor ou n'importe quel animal de la basse-cour publicitaire. Il ne s'agit pas d'informer, mais de séduire le consommateur. Il ne s'agit pas d'informer, mais d'abrutir, ce dont se chargent non seulement la publicité mais une certaine «musique», qui n'a rien à voir avec ce que nous appelons la musique, et qui est en fait une forme d'abrutissement, de dilution de l'individu dans la masse, de participation. Remarquez que dans les grandes célébrations artistiques, la participation de l'assistance est tellement forte qu'on n'entend plus les « artistes ». Et cela n'a aucune espèce d'importance, puisqu'il ne s'agit pas de musique encore une fois, mais de participation.

La télévision est la nouvelle place publique. Bien plus, elle est la réalité. À la réalité sociale, politique, internationale, elle substitue sa propre réalité. À la télévision, le moindre geste d'une vedette sportive, artistique ou autre devient aussi important que la mort de vingt victimes du terrorisme en Irak, que la famine dans un pays d'Afrique, que le scandale des commandites… N'existe que ce qui existe à la télévision. Et cette réalité est à la fois proche et lointaine. Le spectateur n'a pas de prise sur elle. Il la regarde, il est spectateur. Il sent confusément qu'il dépend de tout cela, et il n'y peut rien. Que tout cela le concerne, et il n'a rien à dire.

Les conséquences à long terme de l'influence des médias sont loin d'avoir été complètement évaluées. Comme l'explique Guy Debord, les simples images deviennent des êtres réels, le spectacle n'a rien à voir avec le dialogue, la frontière entre le réel et l'artificiel tend à disparaître.

Il faut aussi considérer l'influence des médias sous en autre angle, celui de la censure. On s'imagine facilement que la censure est disparue de la société, mais en fait, elle est plus forte que jamais, et d'autant plus forte qu'on s'imagine qu'elle n'existe pas. Elle se pratique tout naturellement, sans avertissement, par une poignée de gens qui sont placés aux postes clés et dont le grand public ignore l'identité, des gens qui ne sont pas élus, mais qui ont un pouvoir considérable. C'est ainsi qu'il y a quelques années, Radio-

Canada a interrompu des émissions culturelles de qualité au nom de je ne sais quel scrupule démocratique, en protestation contre la mentalité «élitiste». Les médias ont un pouvoir d'exclusion incommensurable et ils en usent et en abusent sans que personne puisse vraiment s'y opposer. Ils construisent une image faussée de la réalité qu'ils présentent comme l'image vraie de la réalité. C'est ce qui est apparu au cours des séances de la Commission Bouchard-Taylor sur les «accommodements raisonnables». Voilà qu'on donne une tribune au «peuple», et on est surpris de constater qu'il ne pense pas comme on avait imaginé qu'il pensait. On est surpris de constater qu'il tient encore à son identité, qu'il n'accepte pas l'image de lui qu'on projette sur le petit écran et dans les journaux. Cette commission n'était pas ce qu'on peut imaginer de plus génial, mais elle nous a au moins permis de prendre conscience que les médias projettent une fausse image du Québec. La question que l'on peut se poser et qui est angoissante est celle-ci : combien de temps le Québec réel mettra-t-il pour s'ajuster à l'image qu'on projette de lui ?

Dominique Garand écrivait en 1997 : «Notre culture médiatique est tout engluée dans les jugements sommaires, les scandales construits de toutes pièces par des arrivistes, les mots d'ordre et les excommunications[14].» Je dirais que l'opinion générale, celle qui s'impose, s'appuie sur des

---

14. Dominique GARAND, «Éléments de réflexion en vue d'une approche non hystérique de Lionel Groulx», *Les Cahiers d'histoire du Québec au xxᵉ siècle*, Les Publications du Québec, nº 8, automne 1997, p. 131.

demi-vérités, des impressions, des préjugés, des modes, une « orthodoxie » non formulée mais impérative, à un point dont la majorité n'a pas conscience, pas même la majorité des intellectuels. D'ailleurs, je ne peux m'empêcher de penser que beaucoup d'intellectuels, même parmi ceux qui sont les plus haut cotés, cèdent à la « rectitude politique », n'osent pas dire ce qu'ils pensent vraiment, ne vont pas au bout de leur pensée. Qu'arrive-t-il de la liberté ?

Il me semble évident, aussi, dans ce contexte, que la force du mimétisme, qui est l'un des puissants moteurs du développement humain, est désordonnée, exaspérée, affolée. Le mimétisme devrait offrir à l'être humain un processus d'apprentissage. Exacerbé, il étouffe l'autonomie de la personne, la soumet aux impératifs du monde ambiant. C'est ce qu'a très bien compris la publicité qui, pendant des années, a répété le slogan : « Tout le monde le fait, fais-le donc ! »

Pour toutes ces raisons, je suis très mal à l'aise de parler de l'« individualisme » de l'être humain actuel. Le mot « individualisme » est très ambigu. On parle de l'« individualisme moderne » et, en un sens, on a raison. L'idée de l'individu, de la personne humaine, du moi, est une notion moderne, par opposition à antique, et même chrétienne, comme l'a montré Charles Taylor et comme l'explique Jean-Claude Guillebaud. La notion moderne du moi vient de l'Évangile et de saint Paul. Elle est au cœur de la foi chrétienne, qui fait du croyant un enfant de Dieu, donc un sujet indéniable par rapport à la société. Jean-Claude Guillebaud parle de l'« enseignement biblique du primat de l'autonomie individuelle, cœur incandescent de la modernité[15]». Mais là où il y a confusion, c'est quand on prend le mot «individualisme» au sens social ou culturel. Il est clair que, dans la vision chrétienne, l'être humain est un individu, une personne. Mais socialement, phénoménologiquement, on peut dire que l'être humain actuel n'est pas individualiste mais grégaire.

On peut considérer la postmodernité sous un autre angle, la voir comme la réalisation de ce que Paul Bénichou appelle «l'utopie à prétention scientifique» qui nous vient du XIXᵉ siècle. Le principe de cette société est que «la connaissance de la causalité naturelle ou sociale peut dicter à l'humanité les fins de sa conduite». Or, dit Bénichou, aucune science ne peut nous prescrire nos choix ; et il cite Einstein : «La science ne peut créer des fins, et encore moins les faire adopter aux êtres humains[16].»

Dans ce paysage protéiforme, le clerc a été remplacé par l'expert. Le clerc, pour Julien Benda, c'est celui qui parle «au monde dans le mode du transcendant[17]», celui dont «la fonction est de défendre les valeurs éternelles et désintéressées, comme la justice et la raison». Ces clercs n'existent plus. Ceux qui répondent à cette définition sont des marginaux. Ils ne sont pas entendus, ils n'ont pas d'influence sur la société. La société fait confiance aux spécia-

15. Jean-Claude GUILLEBAUD, *Comment je suis redevenu chrétien*, Paris, Albin Michel, 2007, p. 74.

16. Paul BÉNICHOU, *op. cit.*, p. 567.

17. Julien BENDA, *La Trahison des clercs* (1927), Paris, Grasset, coll. «Les Cahiers rouges», 1975, p. 221.

listes et aux experts. Je ne veux en aucune façon contester l'importance des spécialistes et des experts, mais le rôle que la société leur fait jouer est contestable. Cette société, écrit Jacques Dufresne, tend à « cesser d'être une communauté de personnes, fortes de multiples compétences en tant qu'êtres humains, pour devenir un agrégat d'individus qui s'en remettent de plus en plus à des experts comme médiateurs dans leurs rapports avec le monde et avec leurs semblables. Un tel agrégat ressemble de moins en moins à un organisme vivant et de plus en plus à une machine aux rouages complexes[18]. »

Les générations futures diront sans doute que l'époque que nous appelons « postmoderne » en aura été une de grande confusion. On reconnaîtra alors que la société postmoderne aura contribué à une déshumanisation tragique des rapports humains. Il faudra après elle repenser le couple humain, restaurer la famille, réintégrer la sexualité à l'ensemble du comportement humain. Il faudra réfléchir sur le bon usage des médias, repenser la liberté d'expression. Il faudra repenser l'économie en fonction de l'homme et non seulement du marché. Mettre fin à la concentration de la richesse et aux injustices sociales. Il y a quelque chose d'absolument injuste dans la distribution de l'argent. Qu'on pense seulement aux salaires démesurés des athlètes alors que nous n'avons pas d'argent pour payer nos infirmières de façon décente, aux directeurs d'entreprises qui perçoivent un salaire qui équivaut jusqu'à quatre cents ou cinq

18. Jacques Dufresne, *op. cit.*, p. 71.

cents fois celui de leurs employés, etc. Les gens qui viendront après nous devront comprendre qu'aucune guerre postmoderne, comme l'a expliqué le pape Jean-Paul II à Assise, dans son fameux « Décalogue » sur lequel le discours public fait silence, ne peut être justifiable ou morale. Ce monde nouveau, qui a une conscience planétaire, devra aussi mettre sur pied une institution qui arbitre les conflits de la planète et veille sur le maintien de la justice à l'échelle planétaire. Il est inacceptable que le pays le plus fort intervienne dans les affaires internationales comme bon lui semble, paralyse l'action des Nations Unies et se constitue arbitre mondial de tous les conflits. Les États-Unis paralysent le fonctionnement démocratique des Nations Unies et se conduisent dans le monde en imposant non pas la reconnaissance du droit démocratique, mais tout simplement le droit du plus fort.

La tâche la plus urgente, la plus importante qui incombera à la société planétaire qui succédera à la société postmoderne, sera de remplacer le discours consumériste actuel par un discours humanitaire, c'est-à-dire un discours formulé en fonction de l'être humain. Il faut s'arrêter un instant à ce que j'appelle le « discours ». Une société ne repart pas à zéro tous les jours, ne se réinvente pas tous les jours. Elle s'en remet, plus ou moins explicitement, plus ou moins lucidement, à une espèce de consensus latent, pas clairement formulé, mais insistant, accueilli comme une nécessité plus ou moins contraignante. Ce discours véhicule des valeurs, des convictions, des espoirs, des désirs, des regrets qui s'adressent autant à l'inconscient qu'à la raison, à l'imagination et à la mémoire. C'est l'instrument que la civilisation a inventé pour permettre à l'homme d'assumer sa situation dans la société, dans l'existence, sans avoir à tout réinventer tous les jours. Ce discours contient ce qui est entendu, ce qui est souhaité, ce qui est refusé, ce qui va de soi, etc.

Dans la société québécoise traditionnelle, le discours était en grande partie sous l'influence de l'Église. Indépendamment de la critique que l'on peut faire de telle institution, de tel personnage public, de tel trait de mentalité, le discours de la société québécoise traditionnelle était très marqué par ce qu'on pourrait appeler la spiritualité évangélique. Tous les dimanches, à l'église, quel que soit le talent ou le manque de talent du curé, on rappelait, par les lectures et les commentaires de l'Évangile et de la Bible, les grandes vérités chrétiennes qui sont le fondement de la culture occidentale : l'amour du prochain, le pardon des injures, l'appel à se dépasser, à chercher le royaume de Dieu et sa justice, etc. L'assemblée chrétienne elle-même était un acte de participation à une vie fraternelle axée sur une Réalité qui dépasse l'homme et le libère du repli sur soi. Ce discours de la société traditionnelle a été remplacé, avec l'avènement de la postmodernité, par le discours consumériste. Ce qui est maintenant recommandé à la masse abasourdie, ce qui lui arrive par la voix des médias et de la publicité, ce qu'on lui assène à coups de messages publicitaires, c'est l'invitation à consommer sans relâche, à satisfaire tous ses désirs immédiats, son confort, ses intérêts. Ce discours n'invite pas assez souvent au dévouement, à la gratuité, au don de soi. Il met tout sur un même plan. Il considère l'être humain avant tout comme un consommateur qui s'arrêtera seulement lorsque la planète sera dévastée.

Et je pense à la télévision, qui aurait pu être un moyen d'éducation extraordinaire et qui est au contraire, pour une large part, une école de bêtise, de grossièreté et d'incitation à la violence. Quand je considère le spectacle de nos performances multiples, je me demande ce qu'il reste de l'être humain dans ce grand chambardement.

Que devient la religion dans ce contexte? Ou que deviennent les religions? Renan, vers la fin du XIXe siècle, avait annoncé la disparition prochaine des religions. Dans la préface à ses *Souvenirs d'enfance et de jeunesse*, il écrivait : « Il n'y a plus de masses croyantes ; une très grande partie du peuple n'admet plus le surnaturel, et on entrevoit le jour où les croyances de ce genre disparaîtront dans les foules, de la même manière que la croyance aux farfadets et aux revenants a disparu. » Un siècle plus tard, il faut bien reconnaître que les religions ne sont pas disparues, ni l'astrologie, ni l'ésotérisme, ni les sectes, ni la crédulité, ni les intégrismes de toutes sortes, ni les fanatismes. Je suis toujours surpris de constater combien des savants comme Renan peuvent s'illusionner au sujet de la nature humaine et de la civilisation. Renan croyait que la science dissiperait tous les mystères, rendrait désuète l'idée même de transcendance, dépouillerait l'Être de son caractère impénétrable. Or, même si la science a connu un développement fulgurant, même si elle a provoqué l'apparition d'une société fortement dépendante de la technologie, les religions n'en existent pas moins et jouent un rôle toujours plus important sur la scène internationale. Le développement des moyens de communication et de transport a rapproché tous les peuples les uns des autres. Ils ne peuvent plus s'ignorer. C'est pourquoi le problème de la rencontre des religions se pose de façon un peu plus aiguë tous les jours, bien souvent associé à des conflits politiques qui empoisonnent les rapports humains. Il est évident que les fidèles des différentes religions ne peuvent plus s'ignorer et doivent accepter de vivre ensemble et tenter de se respecter. Cela n'est pas facile, car les conformismes de toutes sortes et les préjugés empoisonnent les rapports entre personnes de confessions différentes. Certains sont portés à penser que toutes les religions se valent et qu'il faut s'efforcer de s'entendre sur un certain nombre de valeurs communes. Je suis plutôt d'avis que les religions sont très différentes et qu'il faut d'abord reconnaître ces différences et établir le dialogue sur la reconnaissance et le respect de ces différences. Je respecte, par exemple, la démarche de compassion des bouddhistes, mais je ne pourrais pas prier avec eux, car ils ne croient pas en Dieu. Je pourrais me recueillir avec eux et leur manifester beaucoup de considération et d'amitié, comme je l'ai fait avec certains de mes étudiants qui étaient bouddhistes, mais je crois qu'on ne gagne rien à niveler les différences. J'ai des amis athées qui me respectent et que je respecte, et la reconnaissance de la différence de nos options spirituelles ne compte pas pour peu dans cette amitié. J'ai beaucoup de considération pour l'unité, mais je méprise l'uniformité.

Ma conviction, c'est que l'harmonie entre les religions est difficile, à l'époque postmoderne, du fait de la coloration religieuse des conflits politiques. D'autre part, on parle beaucoup du dialogue avec les autres religions ; le problème, c'est que beaucoup de gens qui préconisent le dialogue et s'y adonnent ne connaissent pas l'essentiel de leurs propres traditions, de leur propre identité religieuse. Le problème capital des catholiques actuellement, c'est moins de s'ouvrir aux autres religions que d'assumer la leur. Les jeunes générations de Québécois et de catholiques en général sont d'une ignorance de leur propre histoire religieuse, du contenu de leur foi chrétienne et même de la culture chrétienne qui les rend tout à fait incapables de dialoguer avec des gens de confession différente.

À ce tournant de la postmodernité, il faut dire quelques mots du laïcisme. Il est une des grandes conquêtes de l'humanité. Pendant des milliers et des milliers d'années, l'humanité était immergée dans le cosmos. Elle ne s'en distinguait pas, et était conditionnée par lui. La révélation judéo-chrétienne devait libérer l'être humain en lui annonçant que Dieu seul est Dieu, ce qui est une donnée fondamentale de la foi chrétienne. C'est ce que Marcel Gauchet appelle la sortie de la religion, et d'autres, le désenchantement du monde. Cette dernière expression peut être prise de différentes façons, mais elle est certainement légitime si l'on entend que le monde n'est pas Dieu. Il est créé par Dieu, Dieu y est présent, mais il n'est pas divin. C'est pourquoi le Christ demande de rendre à Dieu ce qui est à Dieu et à César ce qui est à César.

Le laïcisme, comme on le voit, n'est pas opposé à la foi. Il vient plutôt de la foi et est proclamé par elle. La laïcité n'est pas la négation de Dieu. C'est dans l'Église que le concept de laïcité a été formulé. Le laïc, c'est celui qui n'est pas « clerc », qui est dans l'Église mais qui n'y a pas une fonction particulière. Le clerc exerce une fonction officielle dans l'Église et il a une relation personnelle avec Dieu. Le laïc a une relation privée, intime, personnelle avec Dieu, mais il fait partie de l'assemblée chrétienne. Le laïc n'est pas un incroyant. Du moins pas originellement, et pas nécessairement. Il est un croyant, mais il n'est pas un clerc.

Dans notre société, le laïcisme est souvent assimilé, me semble-t-il, à l'incroyance ou au refus de la religion. On pourrait peut-être à son endroit évoquer le paradoxe de Chesterton selon qui le monde actuel est plein de vérités chrétiennes devenues folles. Le laïcisme cède facilement, me semble-t-il, à une réduction ou à une schématisation de l'être humain. Il peut facilement céder à la tentation de dépouiller l'homme de sa dimension religieuse. Le laïcisme aussi peut être dogmatique, réactionnaire, fanatique, et surtout simplificateur. Le danger qui le guette, c'est la réduction de l'humain jusqu'à la caricature. Il peut être simpliste, comme toutes les idéologies, quand il devient une idéologie. Le danger d'une société laïque, d'une société qui ignore la relation à Dieu, c'est de tout établir dans un rapport de justice et d'évacuer la gratuité, la générosité, l'amour, le dévouement, la grâce, le rêve. Le laïcisme, me semble-t-il, s'accommode mal de cette dimension de l'existence que les anthropologues et les ethnologues appellent «mythique» et qui est assumée par le religieux et par la foi. C'est par le mythe ou le religieux que l'activité humaine est intégrée à l'ordre cosmique[19]. Ce n'est pas dans la laïcité que le temps se régénère, c'est dans le mythe, dans la religion.

Dans la société traditionnelle, l'inconnu est assumé par la religion. Toute cette part de notre existence qui relève de l'irrationnel, qui est implicite, non formulée, qui émane de notre situation dans l'univers, est préservée, sauvée par la religion. Dans une société laïque, il y a risque que ce qui prime, ce soit l'utilitaire, le fonctionnel, le mesurable. Il n'y a plus de place pour l'adoration. On s'en moque même. La société laïque se perçoit comme libérée. De quoi? Elle ne veut pas trop le savoir. Il faut se rappeler aussi que la laïcité n'est pas acquise pour tout le monde. On s'imagine facilement qu'avec la postmodernité, la laïcité va de soi. Or cela est loin d'être la vérité. Guy Durand écrit que «pour beaucoup de musulmans, par exemple, il ne peut y avoir de séparation entre religion et État[20]». On n'arrange rien à

19. Voir Mircea ELIADE, *Mythes, rêves et mystères* (1957), Paris, Gallimard, coll. «Folio essais», 1993, p. 23, et mon ouvrage, *Lectures québécoises et indépendance*, Montréal, Méridien, 1999, p. 60, 61.

20. Guy DURAND, *Le Québec et la laïcité. Avancées et dérives*, Montréal, Éditions Varia, 2004, p. 31.

s'imaginer que les différences n'existent pas et que la laïcité va de soi.

Quoi qu'il en soit, on peut donc affirmer que l'avènement de la laïcité est un progrès pour l'humanité, mais il peut arriver qu'elle se fourvoie quand elle devient laïcisme, quand elle se situe par rapport aux fondements de l'existence humaine. Il peut arriver qu'elle opère une réduction de l'autonomie spirituelle de l'homme. La laïcité n'est pas de soi anti-religieuse, mais il semble bien que nos sociétés modernes qui se réclament de la laïcité n'ont pas trouvé la place équitable à accorder à Dieu au milieu des activités multiples de la cité. La laïcité n'est pas l'affirmation que Dieu n'existe pas, mais l'affirmation que le monde n'est pas Dieu. Le problème central de la société postmoderne, c'est peut-être de concilier modernité, laïcité et sens de Dieu, de savoir quelle place faire à Dieu dans la société laïque. La laïcité signifierait-elle que la religion n'a de place que dans la vie privée, qu'elle doit être absente de la vie publique ? Faudrait-il détruire les cathédrales, interdire les manifestations religieuses publiques au nom du principe de laïcité ? Certains le prétendent, mais leur prosélytisme semble bien l'effet d'un fanatisme religieux qu'ils s'obstinent à nier.

Qu'arrive-t-il de la foi chrétienne dans le contexte de la postmodernité ? La postmodernité, sous certains angles, est antichrétienne. Jean Delumeau affirme : « Aucun siècle,

autant que le nôtre, n'a tenté de tuer le christianisme[21]. »
Jean-Claude Guillebaud estimait d'abord que la modernité
était un phénomène postchrétien ou post-judéo-chrétien,
mais il en vint à dire que dans cette société qui semble
agnostique et même antichrétienne, la trace chrétienne
était plus présente qu'il ne l'imaginait. Et il cite René
Girard : « C'est ce qui reste de chrétien en elles qui empêche les sociétés modernes d'exploser[22]. » Ce même René
Girard écrit ailleurs : « Il y a une avance historique inexo-
rable de la vérité chrétienne dans notre monde. Elle ne fait
qu'un paradoxalement avec l'affaiblissement apparent du
christianisme[23]. » Au Québec, bien des gens croient que le
christianisme est éliminé. Pourtant, un homme comme
Naïm Kattan, un immigrant arrivé au pays en 1954, affirme
qu'au Québec, « le renouveau a commencé à l'intérieur de
l'Église[24] ». Les sociologues Raymond Lemieux et Jean-Paul
Montminy écrivent : « Le catholicisme québécois, à l'instar
des autres confessions chrétiennes dans l'Occident sécularisé, est loin d'être moribond. Ses vitalités, paradoxales,
restent dans l'ombre, contrairement aux œuvres encadrant
la culture autrefois[25]. »

Mais la vie chrétienne au Québec comme en Occident,
comme nous l'avons dit, connaît une profonde mutation

---

21. Jean DELUMEAU, *Guetter l'aurore*, Paris, Grasset, 2003, p. 47.

22. Jean-Claude GUILLEBAUD, *Comment je suis redevenu chrétien*, p. 57.

23. René GIRARD, *Je vois Satan tomber comme l'éclair*, Paris, Grasset, 1999,
p. 268.

24. Jean ROYER, « Entretiens avec Naïm Kattan », *Les Écrits*, Montréal,
Troisième trimestre 2004, p. 227.

25. Raymond LEMIEUX et Jean-Paul Montminy, *op. cit.*, p. 122.

historique, une espèce de changement de vêtements, d'habits. La Révolution tranquille était nécessaire, mais au lieu de prendre la forme d'une évolution, elle a plutôt pris celle d'une rupture. Au lieu d'être un appel à une tradition plus profonde, une redécouverte de ce qui avait fait la société jusque-là, elle a plutôt renié cette tradition. Or, dit Péguy : « Au fond, une révolution n'est une pleine révolution que si elle est une pleine tradition, une plus pleine conservation, une antérieure tradition, plus profonde, plus vraie, plus ancienne, et ainsi plus éternelle[26]. » Une vraie révolution n'est pas un refus ou une rupture, mais un approfondissement, un renouvellement. Or la révolution moderne a pris la forme d'une rupture, et c'est pourquoi elle provoque une crise profonde. La postmodernité prétend tout recommencer à neuf, comme si rien n'avait existé avant elle, ce qui entraîne une perplexité indescriptible. « Nous savions autrefois de qui nous étions les fils, dit Pierre Nora, et [nous savons] que nous sommes aujourd'hui les fils de personne et de tout le monde[27]. » La postmodernité, tout axée sur l'actualité, l'immédiat, ne sait d'où elle vient ni où elle va. Et elle a entraîné le christianisme dans cet embrouillamini.

Comment sortir de cette impasse ? Pour le christianisme, le moment était arrivé de se débarrasser des vêtements d'une époque périmée. Mais comment mener à terme cette

26. Charles PÉGUY, « Avertissement », dans *Œuvres en prose complètes*, I, Paris, Gallimard, coll. « La Pléiade », 1987, 1306.

27. Cité par Daniel TANGUAY, *Les Impasses de la mémoire*, « Introduction », Montréal, Fides, 2007, p. 21.

opération sans tout compromettre? Il faut ici rappeler et maintenir la distinction entre foi chrétienne et culture chrétienne. La culture est précieuse, elle est un héritage. La foi est une semence, un petit grain de sénevé, un levain dans la pâte, une inspiration. La chrétienté est de l'ordre de la culture. Comme j'ai essayé de le préciser dans les pages précédentes, elle est un produit de la vie de la foi, mais elle relève d'une époque, elle est reliée à une époque. La foi transcende les époques. Je comprends très bien ce qu'écrivait Emmanuel Mounier en 1940 : « Pour moi, plus je voyage des sources à la réalité présente du christianisme moderne, plus je me persuade que nous ne retrouverons, tous, la vraie foi, qu'après un effondrement si total de la chrétienté moderne que beaucoup croiront à la fin du christianisme[28]. » Le christianisme doit se débarrasser de ses frusques historiques pour se recentrer sur l'essentiel. L'Église, disait Mounier au même endroit, « doit essentielle-ment se ramasser sur l'acte liturgique ». L'Église de demain doit se dépouiller de ses vêtements de chrétienté. Elle doit apparaître pour ce qu'elle est, la communauté des croyants, bien plus qu'une institution. Bien sûr, l'Église est aussi une institution, mais celle-ci est au service des croyants. Je vois l'Église de demain comme décentralisée, allégée de la carapace qu'elle a développée au cours des âges. Les évê-ques sont les vrais responsables des Églises locales, dans la communion avec l'évêque de Rome. Ils doivent prendre leurs responsabilités, exercer leur rôle pastoral en étant

28. « Carnets de Mounier », *Esprit*, décembre 1950, p. 1019.

conscients que les croyants du Québec ne sont pas comme les croyants de tel village d'Afrique ou d'Asie. La foi est la même, mais la vie quotidienne, les mœurs, les coutumes sont différentes. Comme le note Achiel Peelman, il y a eu dans l'Église catholique «une forte tendance à l'uniformisation et à la centralisation[29]». Il faut corriger cette orientation, car le mot catholicisme ne signifie pas uniformité mais acceptation de la diversité.

L'Église de demain doit se départir d'une certaine rigidité qui tenait à ce que la religion catholique était, en même temps qu'une inspiration, une forme sociale, une idéologie, une institution globale. La religion catholique s'incarne dans des formes, elle ne doit jamais se laisser enfermer en elles. Elle doit changer de peau continuellement comme le serpent. Il faut détruire le Temple et le rebâtir. «Détruisez ce Temple et je le rebâtirai en trois jours.» D'ailleurs, si les croyants ne le démolissent pas ce Temple, les impies s'en chargent. Ces derniers rappellent l'Église à son identité. Ils la dépouillent de ses vêtements, à la recherche de son âme. Ils voudraient la détruire mais ne réussissent qu'à la purifier, à la dépouiller de ses déguisements.

Quand je pense à l'Église de demain, je me dis qu'elle n'a pas à se réformer, elle doit renaître. Dans le Nouveau Testament, il n'est pas question de réforme mais de naissance, de renaissance. Quand on parle de réformes, on pense à des institutions, à des projets humains. Quand on

---

29. Achiel PEELMAN, *Le nouveau défi de l'inculturation*, Ottawa, Novalis, 2007, p. 170.

parle de naissance, de nouvelle naissance, on est bien obligé de penser à l'Esprit, à une vie qui n'est pas calquée sur nos modèles. Jésus dit à Nicodème qu'il faut renaître de l'Esprit. Le signe que l'on renaît de l'Esprit, c'est que cela se fait sans plan préétabli, sans ligne de conduite déterminée à l'avance. On ne sait d'où vient celui qui renaît ni où il va. Il n'est pas fidèle à des lois ou à des normes, mais à l'Esprit qui se manifeste.

Il y a dans le message chrétien quelque chose de tout à fait contraire à l'idée de réforme, ou d'adaptation, ou de rafistolage des vieux meubles. On nous dit de ne pas mettre le vin nouveau dans des vieilles outres, de ne pas coudre un morceau neuf à un vieux vêtement, de laisser les morts enterrer leurs morts, etc. On nous dit aussi que le Temple est dépassé, que l'être humain est plus grand que le sabbat, donc que les lois et les institutions, que désormais on adorera en esprit et en vérité.

C'est dans cette perspective que j'envisage l'Église de demain. Dans cette perspective aussi que je situe le projet humain dans le contexte de la postmodernité. Il faut, pour mieux comprendre le projet humain, pour saisir la vraie dimension du dynamisme qui sous-tend l'effort de l'humanité vers son accomplissement, essayer de saisir le sens de la présence de ce qu'on appelle l'Église dans le développement de l'histoire. L'Église germe parmi les hommes, mais elle est donnée par Dieu. Elle descend du ciel parmi nous, dit le texte sacré. Ce qui signifie qu'elle n'est pas le fruit de nos efforts, mais un don de la Divinité à l'œuvre dans le monde. Notre préoccupation doit être de ne pas mettre d'obstacle à sa manifestation, d'enlever tout ce qui peut empêcher la semence de croître et de donner une moisson abondante.

En un sens, l'existence de Dieu, pour moi, n'est pas une question de foi. Il est tellement évident qu'un Intellect est présent dans le monde, que l'Essentiel nous échappe, que l'Inconnu est présent partout, que le Mystère est au fond de tout. Dieu éclate tellement dans sa création, dit Péguy. En ce sens, je ne comprends pas l'athéisme. Il me semble qu'il tronque la réalité, qu'il refuse l'existence de l'Inconnu, sans lequel le visible ne serait pas. Je n'ai jamais vu la matière incandescente qui est au cœur de la terre, mais je ne doute pas de son existence. Je ne connais pas les raisons profondes de la vie, mais je constate que la vie existe.

L'Inconnu est-il divin ? Autant l'existence de Dieu est évidente, autant Dieu est inconnu. Il est le Tout-Autre, d'un autre ordre de réalité, et je comprends la réticence de ceux et celles qui ne veulent pas admettre l'existence de Dieu. Dès qu'on dit Dieu, on le conceptualise, on l'enferme dans une définition. Mais Dieu est au-delà de nos concepts. Il est au-delà de toutes nos représentations. Dieu, on sait plus ce qu'il n'est pas que ce qu'il est, disait saint Thomas. Il est « cet être qu'on nie rien qu'en le nommant ». Et je comprends Simone Weil qui écrit : « De deux êtres qui n'ont pas l'expérience de Dieu, celui qui le nie en est peut-être le plus près. » Ne pas nommer Dieu pour des raisons d'herméneutique est en quelque sorte défendable, cela se comprend. Mais la rectitude politique est autre chose. Certains se scandalisent de ce que la réflexion sur Dieu n'épuise jamais son objet. C'est au contraire ce qui en fait la valeur, ce qui garantit sa pertinence. La croyance en Dieu n'est pas une fermeture mais une ouverture, sur l'indicible, sur l'inconnu. L'athée ferme la porte, ou la fenêtre.

Toutefois, la démarche judéo-chrétienne n'est pas fondée sur un raisonnement, mais sur une révélation de Dieu. Celui que selon la raison on appelle l'Inconnu, le Tout-Autre, s'est fait connaître par ses prophètes et spécialement, pour les chrétiens, en Jésus de Nazareth. Isaïe appelle Dieu le Saint. On est grosso modo à l'époque de la grande civilisation grecque, mais quelle distance de la mythologie au Dieu Saint, au Dieu Fort d'Isaïe! Le Dieu d'Israël n'est pas un produit de l'inconscient humain, il est le Dieu qui se révèle.

Cela ne veut pas dire qu'il faut mépriser la culture, les institutions que les croyants se sont données, bien au contraire. Mais la culture, les institutions tiennent à une époque. La foi chrétienne, c'est de faire confiance à une personne humaine et de croire qu'elle nous enseigne. Jésus est à la fois homme et Fils de Dieu. La nature divine de Jésus reste inexplicable, inconnue, inépuisable, mais sa personne humaine, nous l'avons vue agir, parler, enseigner, souffrir, mourir. La foi chrétienne perçoit Dieu à travers cet être humain. Il faut d'abord reconnaître cet être humain, et en lui voir ce qui est plus qu'humain. C'est le sens de l'Incarnation. Aller à Dieu par ses propres forces n'est pas facile, et on risque de se fourvoyer. Aller à Dieu par Jésus-Christ, c'est une démarche humaine qui s'ouvre sur Dieu. Cet Inconnu, dont notre intelligence reconnaît l'existence, Jésus nous dit qu'il est notre Père. Dieu Père, Jésus, Fils de Dieu. Jésus, l'un de nous, Fils de Dieu, Fils du Père. Toute la foi tient en ces quelques mots. Le reste est religion, culture, croyance.

En un sens, la foi, ce n'est pas posséder Dieu, c'est tendre vers lui. Dieu n'est pas possédé ici-bas. La vérité de l'homme, c'est de tendre vers lui, de le chercher. «Cherchez Dieu et vous vivrez» (Amos). La condition humaine est bien décrite par Péguy: «Rien n'est conquis pour éternellement... L'idée d'une acquisition éternelle, l'idée d'une acquisition définitive et qui ne sera pas contestée est tout ce qu'il y a de plus contraire à la pensée chrétienne[30].» C'est dans ce sens aussi qu'on peut comprendre la parole de Nietzsche: «Une chose expliquée cesse de nous intéresser.» La foi est plus une projection vers Dieu qu'une appropriation de Dieu.

Les humains éprouvent beaucoup de difficulté à accepter l'idée que Jésus soit Dieu. Un prophète, un moraliste, un prédicateur, oui, mais Dieu? Cela est impensable. Cela n'a pas de sens. La plupart ne veulent même pas examiner cette possibilité.

Je respecte leur attitude, et j'admets qu'on ne peut prouver de façon rationnelle que Jésus est Dieu. Ni de façon mathématique. La divinité de Jésus est de l'ordre des

---

30. Charles Péguy, «Note conjointe sur M. Descartes», dans *Œuvres en prose complètes*, III, Paris, Gallimard, coll. «La Pléiade», p. 1450.

choses qui ne se prouvent pas, qui ne s'expliquent pas, qui ne se démontrent pas. Comme l'amitié, comme l'amour, comme les préférences des êtres humains, comme leurs goûts, comme le secret qui fait que chaque personne est ce qu'elle est. Tout ce qu'il y a de plus précieux dans la vie ne se démontre pas. La vie arrive comme par enchantement, comme un don, à notre insu. Saint Paul parle de mystère (*Éphésiens* 3,3-4).

Mais il faut bien saisir l'ancrage dans l'histoire de la foi chrétienne, de la foi en la divinité du Christ. Si l'on croit en Jésus, il faut savoir à quoi l'on croit. Si l'on refuse la foi, il faut savoir ce que l'on refuse. La foi chrétienne n'est pas une fantaisie, elle n'est pas une chimère. Elle est enracinée dans l'histoire. Jésus-Christ n'est pas un phantasme, il est un personnage historique qui raconte ce qu'il a vu et entendu. Les apôtres et les disciples ont connu Jésus. Ils ont eu connaissance de sa mort et ils ont cru qu'il est ressuscité. On ne peut prouver scientifiquement la résurrection de Jésus, mais ce qui est un fait historique, c'est que les apôtres et les disciples ont cru que Jésus est le Fils de Dieu, et qu'il est ressuscité. La foi des apôtres et des disciples est un fait historique, et c'est sur cette foi qu'est construit l'Occident. Si l'on nie la foi des apôtres et des disciples en la divinité de Jésus, il faut expliquer autrement la naissance de la civilisation chrétienne qui caractérise l'Occident. L'idée de Harpur, dans *Le Christ païen*, selon lequel la divinité du Christ aurait été inventée pour sauver le christianisme en abusant de la crédulité du peuple, me semble saugrenue et chimérique.

La foi chrétienne affirme que Dieu est au milieu de nous, et c'est en Jésus que cette révélation s'est insérée dans l'histoire. «Je suis avec vous jusqu'à la fin des temps», dit Jésus. La foi chrétienne, ce n'est pas fonder des institutions, c'est en un sens se passer des institutions. C'est n'être pas prisonnier des conformismes et de toutes les rectitudes politiques. Il faut être de ce monde comme n'y étant pas, dit saint Paul. Cherchez avant tout le royaume de Dieu, le reste vous sera donné par surcroît. Il y a cette attitude fondamentale du croyant qui consiste à être dans le monde, sans être possédé par lui. Le croyant entend cette parole : persévérez dans la foi. Réjouissez-vous, car le Seigneur est proche. Le croyant n'est pas livré aux dernières modes et aux derniers emballements. Comme l'écrit Denis Tillinac, il est «tributaire d'une Alliance, d'une Promesse et d'une Bonne Nouvelle qui éclairent les chemins de la liberté[31] ».

---

31. Denis Tillinac, *Le Dieu de nos pères*, Paris, Bayard, 2004, p. 81.

Table des matières

Robert Heilbroner
Le capitalisme du XXIᵉ siècle

Naïm Kattan
Idoles et images

Georges Langlois
À quoi sert l'histoire ?

M. Owen Lee
Wagner ou les difficiles rapports entre la morale et l'art

Doris Lessing
Nos servitudes volontaires

Jean-François Malherbe
Le nomade polyglotte
L'excellence éthique en postmodernité

David Solway
Le bon prof

Charles Taylor
La diversité de l'expérience religieuse aujourd'hui
Grandeur et misère de la modernité

Pierre Vadeboncoeur
Le bonheur excessif
L'humanité improvisée

Ce livre a été imprimé au Québec en septembre 2009
sur du papier entièrement recyclé
sur les presses de Marquis imprimeur.